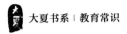

贴近学生
做教育

姚跃林 / 著

华东师范大学出版社
·上海·

图书在版编目（CIP）数据

贴近学生做教育 / 姚跃林著 . —上海：华东师范大学出版社，2024. —ISBN 978-7-5760-5144-5

I.G52-53

中国国家版本馆 CIP 数据核字第 2024ZA6540 号

大夏书系 | 教育常识

贴近学生做教育

著　　者　　姚跃林
策划编辑　　朱永通
责任编辑　　潘琼阁
责任校对　　杨　坤
封面设计　　淡晓库

出版发行　　华东师范大学出版社
社　　址　　上海市中山北路 3663 号　邮编 200062
网　　址　　www.ecnupress.com.cn
电　　话　　021-60821666　行政传真 021-62572105
客服电话　　021-62865537
邮购电话　　021-62869887
地　　址　　上海市中山北路 3663 号华东师范大学校内先锋路口
网　　店　　http://hdsdcbs.tmall.com/

印 刷 者　　北京季蜂印刷有限公司
开　　本　　700×1000　16 开
印　　张　　12.5
字　　数　　185 千字
版　　次　　2024 年 7 月第一版
印　　次　　2024 年 7 月第一次
印　　数　　5 100
书　　号　　ISBN 978-7-5760-5144-5
定　　价　　59.80 元

出 版 人　　王　焰

（如发现本版图书有印订质量问题，请寄回本社市场部调换或电话 021-62865537 联系）

目 录

序　贴近学生当校长　001

上编　看见学生：『你是好孩子』

这世界有那么多人（一）　003

这世界有那么多人（二）　008

这世界有那么多人（三）
——"附中没有一天在我的脑海中缺席"　013

这世界有那么多人（四）
——"豆腐嘴，豆腐心"　021

这世界有那么多人（五）　027

为何有那么多"伤心"的学生　033

别忘了，我们曾经都是害羞的孩子　040

我来教你写作业　044

我看到了你的笑容后面有泪水　047

培江上北大　051

你是好孩子！　057

奔跑的男孩　060

一封公开的道歉信　065

三个小时34个电话　072

"520"，有一份特殊的礼物　076

"您是我们的'专属客服'" 089

"校长，真的感谢您！" 094

"校长，请我一顿呗！" 099

"校长，我想请您做我的朋友可以吗？" 106

"校长，我可以回附中实习吗？" 110

"我想考国防科大" 117

"我想上军医大学" 123

我们想给她个惊喜…… 126

附中十二时辰 129

四个校医为什么不能给学生打针 134

做幸福的平凡人：我很困惑 138

向往的种子是何时埋下的 142

"厦大附中，我来啦！" 147

你就是附中的"招牌" 157

一封从"过去"寄来的信 161

一千次的微笑 168

"老父亲" 172

后记　感谢遇见　181

下编　看见校长：『老父亲』

序　贴近学生当校长

"您是我们的'专属客服'",这是厦门大学附属实验中学2022届学生林铭沣同学在2022年2月16日写给我的信中的一句话。2022年2月14日傍晚,晚饭后我从餐厅处的校长信箱里拿到了大约是那天晚饭前他写给我的信。信中反映了一件事,需要我帮助处理,我于15日就作了响应,在当事师生的共同努力下,这件事处理得非常完美。16日他又给我写了封信,称我为"专属客服"。(详见本书《您是我们的"专属客服"》一文)尽管我远未达到"专属客服"的服务标准,但我乐意尽力为他们提供更好的服务。我认为校长应当是学校的"首席服务员"。"教育无非服务"是我的重要教育理念,我有专文论述,还出版了专著《教育无非服务》。在教育教学工作和学校管理工作中,我也一直践行这样的理念。强调服务、强调最终面向学生的服务是厦大附中最重要的文化价值观。"贴近学生做教育,贴近学生办学校,贴近学生当校长"是服务学生成长的重要表现形式。于校长而言,"三贴近"其实就是"一贴近",

即贴近学生当校长。贴近学生当校长也即贴近学生办学校、贴近学生做教育。

"教育无非服务"是我们的教育哲学，也是我们的核心教育理念。我曾在《办一所学生喜欢的学校》一文中说："学校因学生而存在，有学生学校就有价值。没有'优质生源'，也许难有好的升学成绩，但完全可以建成好学校。关键在教师。我们确立了'培育和提升一流的教育服务品质，用合适的教育办学生喜欢的学校'的办学思路，将师资作为'服务品质'的核心，视'一流教育服务品质'为最高质量。真心服务学生成长，办学生喜欢的学校。这既是我们的理想，也是切合实际的发展路径。"（载《人民教育》2015年第7期）"真心服务学生成长，办学生喜欢的学校"始终是厦大附中的立校之本，"服务学生""学生喜欢"是学校治理的关键词。"教育的本质就是立德树人。而面向本质的学校教育就是要全面服务于人的成长，它的基本功能就是服务。"（引自拙作《教育无非服务——我的教育行动指南》，载《福建教育》2015年第15期。）

教育者的作为必定要服务于受教育者的成长，因此，我们说教育是服务，在大方向上完全站得住脚。一个健康的人，一辈子总要以不同的方式服务他人和社会，何况是以立德树人为根本任务的教师。事实上，按照WTO《服务贸易总协定》的界定，教育确属服务业，因为它具有一般服务业的基本特征。只要我们承认并尊重人的生命权利及其固有价值，那么，学校教育特别是由政府举办的基础教育，就应当不附带任何条件地服务于"人"的健康成长。只要我们承认教育就是服务，就是服务学生成长，那么，"三贴近"就是基本、基础、有效的服务原则。如果不时刻贴近服务对象，就谈不上优质服务、有效服务，这是个常识问题。

何谓"贴近"？在我看来，最形象的解释是彼此"真正"看见。这里有两层涵义：一是彼此看见，校长能看见学生，学生也能看见校长；二是真正看见，不单是目中有人，更要做到心中有人。我不想援引冗繁的理论依据，某种程度上也可以说我没有兴趣旁征博引，也许就没有这方面的"经典"可供佐证。

校长的做法不止一百种，我这种做法是最笨的。校长作为学校首席服务员，既是服务工作的指挥员，更是一线服务员，应当直接服务师生，特别是服务学生。"学生"不仅是抽象的群体，更是生动活泼的个体。有没有服务一个一个具体学生、为他们排忧解难，是衡量校长这个首席服务员是否合格的关键。这就要求"贴近"，要求彼此能"看见"。校长能经常发现"学生问题"和"问题学生"，学生遇到问题和困难时愿意找校长，能第一时间找到校长。所以，校长要扎根校园。

我努力践行"关键时刻有我""我在现场"的治理理念。我极少出差，一年365天，我在校的时间通常超过350天，包括多数年份的除夕和春节。学校层面召开的会也非常少，学期中间召开的教职工大会一般就两三次。我曾开玩笑地说，除非打仗，否则晚上绝不召集会议。我自己实行的是"687"工作制：早晨6点多到校，晚上8点以后下班，中午也在办公室；每周工作7天，包括寒暑假。每天早晚我都要到教学楼巡堂，每天初、高中部做操时我都要到现场，上课期间也不时到教学楼巡堂，因此手机计步几乎每天都在两万步以上。2022年，我的手机统计的运动总步数是7761060步，平均每天的步数是21263步。只要有学生在校，哪怕是放假期间只有少数学生在校，我都会在食堂陪学生用餐。连续用餐最长的一段时间是2023年2月10日至7月10日，这五个月我没有在家吃过一餐饭。所以，毫不夸张地说，在校园里，学生每天可以很容易地在几乎相同的时间、相同的地点见到我，我也因此认识很多学生，甚至出差一天也能被细心的学生推断出来。

我的手机是不关机的，所有电话包括陌生电话我都会接，就担心学生有事找我。2023年8月20日中午，返校领取档案的2023届毕业生陈诗彤同学在食堂递给我一封手书短信，全文如下：

致校长：

周日下午冒昧打扰，希望您抽空与我交谈，您的一字"好"脱口而出让我颇为感动。当时自己在自认为人生至暗时刻，那个下午的交谈似乎让我抓到希望的绳索。您教导我要勇于抛弃过去，放下一切，要有重头来过的勇气。果真，当我对耿耿于怀之事释怀后，轻舟已过万重山，如今我已顺利上岸。后来，您每次看到我时都会注意到我的脸上越来越灿烂的笑容。无形之中，我早已将"做个幸福的平凡人"当作人生格言，现在的我更加明白努力拼搏的结果是为了让自己变得更加幸福。于此，我们更要在追梦过程中微笑以待。明日我即将启程赴北京，迈入大学生活，我的内心无比地憧憬，同时也有着对北方大澡堂的害怕。附中六年的生活让我享受了太多，把我都宠上天了！但我会勇敢地将高考的那份不甘与遗憾化为动力，在大学里勇敢追梦，变成一个更好的大人！最后，再次感谢校长六年来的陪伴与关心！

诗彤信中所言"一字'好'脱口而出让我颇为感动"，说的正好是2022年8月21日的事。那天，仍在暑假期间，周日下午，1:16，我收到她的短信——想"小谈一下"；2分钟后，1:18，我回复了她"好"。下午我们如约在我办公室聊了70分钟。我说的都是些平常话，只不过是"我"说的而已。她约我是对我的信任，而我没有辜负她的信任，给了她信心，仅此而已。看毕这封手书短信后，我给她留言："大澡堂也别有风景。习惯成自然，而那正是自然！一切顺利，前程似锦！"来电必接，有言必复，是我的习惯。即使是暑假期间的周日中午，我仍在办公室，一般也不会休息，因此才会在2分钟内回复了她的短信，所以她说是"脱口而出"。

与"学生看见我"的故事比较，我"看见"学生的故事更多，此处不再详述。"看见"学生应当是教师的专业素养和职业能力。发现不了"学生问题"和"问题学生"的老师,一定是不够专业的老师。2023年教师节早晨,2023届毕业生林一彤给我发来一封手书信的图片,信里有言:"上学时我们时常有一段调侃,'如果你想要开空调或有什么困难不能及时解决,找一个楼道坐下,抱膝低头,姚校长就过来了,第二天事情一定解决'。但这还真不完全是一句玩笑话,姚校长关心学生的程度甚至让我们不少任课老师都对这句话表示认同。"其实,不是什么事我都能解决,但我可以保证,如果有学生抱膝低头坐在楼道里,"任何情况下"我都绝不会视而不见的,我是一定要上前过问的,他有困难我是一定要帮的,帮不了的我一定要解释以期取得他的谅解。我记录了很多这方面的故事,在我公开出版的书中呈现的仅是其中很小的一部分,我愿意将这些故事"出版"在我的心中。没人找我帮忙最好,但有人找了,我就不能不帮。同样,校长应当"看见"同事,这方面的故事也有很多。我一直认为,同事的辛劳应当被校长看到。校长不能贴近同事,也必然难以真正贴近学生。

　　如果说物理空间上的"贴近"是能看得见、感受得到的,因而是不难做到的,那么,心理上的贴近就需要师生在心灵上产生共鸣。校长必须尊重教育常识,遵循教育规律和儿童成长规律,理解儿童,懂得学生,俯下身子,用儿童视角、学生思维审视学生成长和教育活动,才可能走近进而走进学生的心灵世界,真正贴近他们,成为学生成长的"重要他人"。这不需要高深的知识、烦琐的交际手段、复杂的公关技巧，只需通达人情、愿意呵护人性的美好。在当下的教育语境中，教师心中难免有一个应试教育的魔鬼，校长难免会有将学校建成"监狱"或"军营"的冲动，但我觉得，学校既非监狱，亦非军营，学校必须让学生免于恐惧，让他们可以不戴"面具"，不必时时处处谨小慎微，让他们自由自在地生活在人群中。

我有一个信条：绝不做孩子害怕的大人、学生害怕的老师。任何时候，我说话做事一定足够考虑学生的感受，绝不盛气凌人、颐指气使，绝不危言耸听、制造焦虑，绝不会让他们难堪，因此他们和我的交流通常是轻松的、无压迫感的。我很少对学生说"不"，所以他们不惮找我。另一方面，在厦大附中，学生可以对我说"不"，因此学校少有漠视学生的应景乃至荒唐之举。单就这一点，学生就感受到了与别的很多学校太多不一样的地方。学生主动找校长是需要很大勇气的！校长要用什么方式赋予学生勇气呢？我想只能是用善良、可亲、智慧和真诚，真正去做让学生可以无话不说、无事不可托付的最亲近的朋友。这虽然很难，没有绝对好的标准，很难有公认的楷模可供效法，但我们只要愿意，一定可以无限接近"化境"。

如 2018 届黄晨曦校友发的朋友圈：

在这所学生喜欢的学校里，我们有一位知道

学生名字、倾听学生心事、"有求必应"、"有问必答"的校长。在他的言传身教下，我们身边有非常多注重美育、德育的好老师，师生间和睦相处、共同成长，营造了一座有温度的校园。在最单纯的年纪里，在面朝大海的"理想国"里，我们学做"优秀且可爱的人"，做"幸福的平凡人"。

又如高二学生张佳欣写的信：

记得最清楚的一次是在食堂时，您主动问我和诺乔的名字、班级，还聊了会天，更令我惊讶的是，您打开手机备忘录记下来，还说着一定会记住的。看您打完字，我发现备忘录上密密麻麻的字，都是您记下的其他学生的名字和班级。我心想，作为校长，您每天的工作肯定不少，琐事也多，但您认认真真记下这么多名字，您真的有把学生放在心上。还有暑假时我要进校取东西，担心进不去，我给您发了短信寻求帮助，您回复了我并告知我何时去取，您把一切都安排妥当。您好像拥有魔法，会尽力地把一切不可能变为可能，让人感到安心、暖心。

我认识全校很多学生，能喊出他们的名字，很多学生毕业后仍然一直和我保持联系，我保存的厦大附中学生写给我的纸质信近千封，很多毕业生的家长仍然长期和我保持联系……所以说，"贴近学生当校长"需要倾情投入、专注专一，要尊重"校长"作为专业人员的专业性，要付出大量的时间。不要以为每周站在某个班级的讲台上上一两节课就是贴近学生,你有可能偶尔站在讲台上,但实际离学生更远。你大可不必苛求自己每天看到全校所有学生,但能否保证让全校所有学生能看到你?如果心中真有学生,这一定不是什么特别难的事,就是要让师生彼此之间能够"看到"!

如2021届毕业生方堃校友发的朋友圈:

被真诚地呵护过就知道,一所学校想要对学生好,可以好到随便提一件小事都会引来一阵惊呼的程度。她好得那么主观,我没有那么多值得被记录下来的故事,却也在平平凡凡的每一天里感受爱与学会爱。她又好得那么客观,成为一个标准,让我忍不住同大学的种种做对比,知道表面功夫和把学生当宗旨是两回事,并坚信自己要成为一个真善的人。每个人或许都爱自己的母校,但附中人恋家,这是多么温暖的信念。

又如2018届毕业生游震邦校友的留言:

附中给我最大的影响,一定不是学到了什么知识,而是一种生活方式。深挖下去,我觉得附中最独特的,可能不是给我带来了什么,恰恰是没有给我带来什么。因为这里的干净,人性中和生活中的美好,会在日后不断以一种润物细无声的方式展现出来。附中并没有定义什么。在我看来,附中不会定义"我们培养出的学生一定要怎么怎么样",而是敞开双臂,拥抱每一个学生,迎接每一种可能性。不做什么,很多时候比做了什么更加重要。而这些在附中没有得到的东西,恰恰在日后,会以一种难以察觉的方式,影响我的一言一行。我非常希望表达出一点——附中给我日后的影响,远超我的想象。我们可以从附中毕业,但是却难以从附中给我们的人生课程中毕业。

如果不足够贴近学生,我们如何能听到学生发自肺腑、源自心灵的"黄钟大吕"?好的教育一定能听到学生的声音,好的学校一定少不了学生主动积极的参与,而对校长优劣的评判一定不能缺少学生这个"裁判"。某种程度上说,是学生教我们做教育、办学校、当校长,因此,我们怎可不彼此贴近、再贴近!

上编　看见学生："你是好孩子"

这世界有那么多人（一）

《闽南日报》（2022年5月12日）上发表了高二10班张婷宇同学的《奔赴》。文章从学生家长傍晚到校探视孩子写起，主人公是虚构的"她"。张婷宇的班主任、语文任课教师高良连老师是这样点评的："'奔赴'是个看似宏大的词，小作者却从疫情背景之下自己与父母之间的奔赴出发，从最寻常的温情谈起，再到自己对未来的奔赴，过渡到疫情期间人们与春天的双向奔赴，层层递进又互相融合，呈现出一种完美的圆形结构；选材贴近生活，真情实感；语言平实质朴，却颇动人心。"文章写得很好，既有深度，也有可读性。

文章描述的场景一直为我所关注，为此我还曾写过一篇文章《真的不希望看到这样的场景》。引起我进一步关注的是文章旁边的一幅同题插图。这幅插图是漳州开发区海滨学校三年级4班吴晞桐同学的作品，指导老师是沈锐。画的内容也是父母到校探视孩子的情形。因为我知道海滨学校学生不寄宿，不在学校用餐，这幅画的内容应该是厦大附中东门亲子相见的场面，于是便推测是不是晞桐经常跟随父母到附中来探视哥哥或姐姐，触景生情，有感作画。画面并非写实，但很生动，由三个部分组成。右边部分是父母和孩子见面的情形，母亲和孩子隔着栅栏手拉着手，或者是母亲递给孩子什么东西，母亲身边是个手提饭盒，孩子穿的短袖校服大样像厦大附中的夏季校服。父亲手撑汽车后备箱的箱盖，后备箱里的东西隐约可见，但因透视比例有些失调，父亲反而像个孩子。我宁可相信这是孩子，而且就是晞桐，也正是这个"孩子"戳中了我心中最柔软的部分。画面左上画的是孩子写作业的情形,还有"金榜题名""必胜"的文字。画面左下画的是双手捧着的饭盒,饭食丰盛。显然,画的内容与婷宇文章所写一致,大概表现的是亲子间的"双向奔赴"。我觉得图文内容也太巧合了,便联系海滨学校的赖金华副校长,表示想见见晞桐同学。

这个时候,《闽南日报》编辑冯思佳老师告诉我,这幅图是她编辑这篇文章的时候,主动联系海滨学校的老师精心策划的。因为晞桐之前参加过《闽南日报》举办的第三届手抄报比赛并获得三等奖,思佳老师了解开发区的情况,便约指导老师沈锐带着她一起,专程到附中东门采风,根据婷宇的文章画出来的。知道这个情况后,我立即给赖校长发微信:"赖校长好!今天的《闽南日报》刊登我校高二10班张婷宇同学的习作《奔赴》,编辑特别请海滨学校三年级4班吴晞桐小朋友配了一幅画。据编辑讲,晞桐还专门到附中来采风。请赖校长代我谢谢晞桐,我回头要送本书给她(他)。谢谢赖校长!"赖校长回复:"我一定把您的谢意转达给小晞桐。能给附中的小姐姐配插画,相信晞桐也是幸运的、开心的;能得到姚校长您的赠书,晞桐更会是雀跃的、幸福的!您的谢意会让孩子感受到欣喜和美好,受到激励。"当天下午,我就拜托同事将书送给赖校长:送给晞桐《让教育更加尊重生命》《教育无非服务》两本书,送给赖校长和沈锐老师的是我刚出版的《怎样的教育能给人带来幸福》。

我还用软笔给晞桐写了一封短信,全文如下:

晞桐小朋友好!

我是厦门大学附属实验中学校长姚跃林。我在今天的《闽南日报》上看到你给我校高二10班张婷宇同学的《奔赴》配图,非常喜欢。听说为了创作,你还在沈老师的陪同下来附中采风,我很是感动。送你两本书,相信你是能读懂的。《教育无非服务》中第194页"真的不希望看到这样的场景"写的场景就是你画的。我做梦都希望这个场景早日不复存在。《让教育更加尊重生命》中有很多插图,能帮你更好地了解附中。封面就是附中学长的画作。书中的学长学姐大多就读于一流大学,相信未来你也能。

祝学习进步，快乐幸福！

欢迎来附中做客！

收到书后，赖校长给我发了条微信："姚校长您好！书已收到。您的书我一直都在拜读，非常感谢您！看有情怀、有温度的书，内心会变得温暖、柔软许多……明天上午我会到班级，把书和信送到晞桐的手上，一定转达您的问候和祝福（现在在接待家长来访）。可以想象孩子得多么幸福呀……"我本意是希望她帮我转交给晞桐本人即可，不想搞得太复杂。第二天上午又接到她的微信："姚校长您好！周五我们小学部本来就有班会课，所以用于给晞桐赠书很自然，不复杂。借由这个点告诉学生：（1）能帮助人是很幸福的（能帮忙画插画）；（2）承诺的事要努力去做好（去附中实地体验）；（3）喜欢的事情能坚持是不容易的（晞桐是个努力的孩子）；（4）机会是给有准备的人（她是因为参加画画比赛并获三等奖，所以编辑老师才找她）；（5）会表达谢意（姚校长都手书表达谢意和鼓励了）……借由这件事、这个点、这份美的生发，自然而然开展相机教育，我不想错过。谢谢姚校长！"理由如此充分，我只得听便。过后，我收到晞桐给我写的信，赖校长还发来几张他们班会的照片。

5月30日晚，同事孟涛老师给我QQ留言："姚校长，您好。我是孟涛。我女儿在海滨学校读三年级，她们班上有一个小朋友叫吴晞桐，她为我们学校高二一位同学在《闽南日报》发表的文章配了插图，还得到您送给她的两本书。班主任也在班上介绍了您创办附中的大概历程，我女儿班上一些同学听完以后都非常羡慕吴晞桐小朋友，也很崇拜您，她们几个想在六一儿童节下午来附中拜访您，不知道您有没有空？我女儿还说做了一个小礼物要送给您。"我回复："孟老师好！欢迎几位小朋友来做客！现在经常会临时通知开会，我明天下午给您回话，争取如约。谢谢您和您家'公主'！"31日晚，我给孟老师留言："孟老师好！我明天下午有空，最好在下午3:30前，具体时间由小朋友们定。定好后您跟我说一下即可，来的小朋友的名字先发给我。"孟老师回复："校长好，我在下午2:10就带她们去您办公室，大概拜访

15分钟，然后我带她们到学校各处走一走。有五个小朋友：孟想、陈善诺熙、徐语晨、蔡梓轩、钟英博。谢谢！"

6月1日下午，我在办公室里接待了这几位小朋友和她们的家长。晞桐没有同来。随后，孟老师还带他们参观了学校，在食堂用了晚餐后才离开。晚上，孟老师给我留言："今天附中之行，孩子们过了一个愉快的六一，她们终生难忘。非常感谢姚校长在百忙之中抽空见她们，对她们的成长也是很好的教育和鞭策。再次感谢校长！"当晚，我发了一条朋友圈，文字如下："下午，海滨学校三年级据说很'崇拜'我的五位小朋友，在家长的陪同下莅临附中参访，客人首先亲临校长室向我致以节日的问候。当然，少不了送我贺卡、手工作品，还有小糖一类，我则回赠每人两本书：一本拙作，一本现就读北大的炫齐校友的《跳房子》签名本。还送给每人一份载有现就读清华的福临校友事迹的《闽南日报》。其实，这是一个很长的故事。"现在可以揭秘，这个"很长的故事"就是"奔赴"的故事。

发完朋友圈，我不自觉地哼起"这世界有那么多人，多幸运，我有个我们"。我们是谁？谁是我们？茫茫人海，我们都在奔赴。因为一篇《奔赴》、一幅《奔赴》和一场"奔赴"，"我们"的内涵发生了意想不到、无法控制的变化，而这正是因为"这世界有那么多人"。回想15年前的今天，2007年6月19日，那天晚上10点多，我第一次踏上八闽大地，那时我的"我们"里还没有一位福建人。今日思之，感慨万千！

2022年3月24日的《闽南日报》上刊登了婷宇同学的同班同学林一彤同学写的《世界因你发光》一文。这个"你"其实是一位在附中校园里服务了七年的保洁员。一彤在文章里写道，保洁阿姨"似乎却担当着我们的生活老师，告诉我信仰生活、信仰善良、信仰真诚的力量"。这篇文章让我感动。一看文章，我就知道这个"你"是谁，七年里每天早晨我们都会在校园遇见，都要互致问候，但直到3月25日早晨当面和她提到这篇文章的时候，我才知道她叫江月华。我真诚地向她致谢，她很高兴，看上去也有莫名的惶恐。我说："我会将文章复印给您做纪念。"后来我自掏腰包买了几本自己的书《教育无非服务》，4月14日中午书到货，15日一早我到教学楼巡堂，喊着一彤一起，将《世界因你发光》报纸的复印件和书恭敬地送给月华，并再次感谢她。本来准备题写"让我们共同服务好学生健康成长"，后来还是觉得一彤的"世界因你发光"更好。我对一彤说："我也为你自豪，你从阿姨身上感受到生活的力量，并且将这份情感表达出来，分享给大家，我也感谢你。早晨没来得及找到合适的书送你，明天我会送本书给你的。"16日早晨6:50，我便将拙著《让教育更加尊重生命》送给正在走廊晨读的一彤，告诉她："谢谢你，世界因你而更显光明！"扉页上题写的是"世界因你而显光明"。

我经常给学生题写这样的话："学校因学生而存在，附中因你们而美丽！"我对月华说："《教育无非服务》这本书里都是故事，您能看懂。"这也是我选这本书送她的原因之一，而并不仅仅因为我们都在"服务"。附中的后勤员工薪酬并不算高，但绝大多数员工都愿意长期在这里服务，一个重要的原因是，他们认可附中、认可附中的文化。在物业公司招标时，我们都附带一个条件，即原则上不辞退员工。14年来，物业公司几经更迭，公司换了几家，经理换了几任，但员工基本没变。他们同是附中发展的参与者和见证人。月华家境并不好，但她很阳光，工作很努力，关心关爱学生，很受学生爱戴。同学们不会知道月华阿姨的心酸，却时刻感动于她"安静的温暖"。也许正是她自带光芒，所以看上去完全不像52岁的人。

多幸运，我有个"我们"——生活中所有与我有交集的人、事，直接的、间接的！"无穷的远方，无数的人们，都和我有关"。

2022年6月19日

这世界有那么多人（二）

周一中午1:57，我微信里收到七年级3班曾乐乐（化名）爸爸的信息："姚校长，中午好！""找到了，终于找到了！"接着他发来一张图片，我一看是一张报纸上的招聘启事《厦门大学附属中学诚聘校长》，随后他又发来一条信息："《中国教育报》2007年4月3日。"这则启事以及这张报纸我自然很熟悉而且保存至今。我有点吃惊地回复："您居然能找到？"然后就觉得有点不可思议。更让我不可思议的是下面这段留言：

原来想着在开学前找到这一有关厦大附中历史渊源的资料，因此先到厦门的图书馆里馆藏过刊的两个库。《中国教育报》的库存只到2006年，从2007年开始图书馆就没有订阅了。之后我就想到办法，先打电话咨询省图书馆，但省图书馆有很多分馆，我一下子也不知道要咨询哪个分馆。于是，我又找到福州市图书馆负责报纸期刊的咨询电话，对方说有2007年对应的报纸。但我一时又觉得未必能马上到福州去，便抱着试试看的想法问漳州市图书馆是否可能有。经多次电话咨询了解到他们有可能有，不过图书馆没有专门的库房管理人员，要读者自己到顶楼的期刊库房找。原本上周五就要去漳州图书馆，不过电话里工作人员说周五下午闭馆。考虑到时间未必充裕，所以今早我就赶着过来寻寻觅觅。终于功夫不负有心人！

随后他发来五张图书馆库房以及报纸合订本的照片。我回复："这也太耗费您时间了。当年的报纸和相关材料我都有保存。您让我感动！您这么执着,我甚至有点不理解。"

他留言:"最近阅读您的朋友圈内容,我触动很多,因此才想着不能再自我拖延了,该立即行动了。同时激励自己和小孩的'善思力行''知行并举'也要落实。我只是顺从内心的想法去行动而已,姚校长不必介怀。只是当下这个时刻在翻阅差不多15年前的报纸,找到后,想与您分享内心的欣喜而已!""感恩姚校长为开发区乃至漳州地区办了一所好学校,一所学生喜欢的学校!我也很感激自己和家人,这半年多来坚定信念,选择了把逐渐懂事的儿子乐乐送到这样的学校读书,孩子每周回来都很快乐!"

爱屋及乌乃人之常情,我也是这样的人。爱上一座城原为爱上一个人,这也是可以理解的。但了解孩子学校的来龙去脉到了刨根问底的程度,我还是觉得有点不可思议。虽然对曾先生这个举动我不能完全理解,但完全被感动了,我立即将同份报纸的第11版的《招商局漳州开发区与厦门大学携手共襄教育大业,厦门大学附属中学即将扬帆起航》的图片发给了他。我是被这个"饼"给"勾引"来的。他回复:"11版我也复印了。"随后我又将2007年4月11日《人民日报·海外版》的电子版发给他,那上面也刊有这篇文章和招聘启事,内容完全一样。

我和曾先生第一次见面是6月19日早晨。那天早晨6:30,他们夫妇在东门等我,我不认识他们,但一般看到家长模样的人在校门口等,我都会主动问一下,特别是人少的时候。他们大概已经认出了我。我摇下车窗了解,得知是孩子即将入读附中初一的小学生家长,他们有些事想咨询我。那一刻,我很疑惑,他们何以知道我会在6:30左右上班?他们怎么会知道我从东门入校?(当然,今天我知道了答案)我下车和他们聊了一会儿,回答了他们提的一些问题。在简短的交流中,我惊讶地发现,他们对附中、对我本人的了解一定超过相当一部分附中老师。难怪我被他们成功"拦截"。因为当天要组织高中学考,我不能和他们聊太长时间,便给他们留了电话。当天晚上孩子的妈妈就加了我的微信。20日凌晨1:34,孩子的妈妈通过微信给我发来《致姚校长的一封信》,5:30我看到后随即浏览了一遍,回复"收到",直到临近中午才抽空给她回了封短信。在我回复"收到"一个小时后,

6:33，我刚走出学校车库就收到曾先生的微信："姚校长，早上好！今日借您为建设厦大附中人生第一次到漳州开发区15周年纪念日的机会，以及最近阅读您的六本教育专著的收获和感想，同时借助书名，即兴作诗一首，送给您！班门弄斧，还望包涵。本人语文水平有限，且多年未下笔，用词不适或词未尽意，请斧正，谢谢！"后面是他的大作《贺附中——致姚校长到开发区15周年贺》。早晨我比较忙，只能匆匆回复："非常感谢！实在不敢当！您夫人的来信我刚才也拜读了，等白天抽空才能回复。谢谢你们的信任！"

曾太太在那封长达2000字的信里，向我说明了了解附中的经过，从陪着亲戚买房到自己买房，从间接了解附中的情况到通过我的书深入了解附中，直到下决心放弃厦门岛内名校学位而入读附中，甚至为此又买了一套房。这故事同样让我觉得不可思议。信的最后写道："午夜12:18，祝您抵漳15周年纪念日快乐！巧合的是，明天也是我和我先生结婚13周年纪念日！祝愿校长您身体健康，家庭幸福！也帮我们向余老师问好！欢迎您和余老师一起来厦门逛逛，我们当导游哦！祝您晚安！今天多有打扰，您早点休息哦！"此时我已睡了一觉，她还在给我写信。15年前的6月19日晚，我第一次到厦门、第一次到福建，6月20日下午，我第一次到漳州港，而他们的结婚纪念日是6月21日。

午饭前我给她回了下面这段文字：

曾大夫好！您的来信我仔细拜读了两遍，再次感谢你们对厦大附中和我本人的信任！这就是我常说的"一种不可承受的信任之重"。这种信任是我和我的同事努力工作的重要动力。谢谢你们！我一定会尽最大努力助你们圆梦，助乐乐同学圆梦！我们最近在做生源摸底，7月5日前后我们就会有比较明确的方案。我劝你们暂时放下这件事，不要太焦虑，也许一切都有最好的安排。我还有一个建议，做父母的应当尊重孩子的意见，千万不要以为自己的想法就是孩子的想法。你们了解、喜欢厦大附中，孩子真心喜欢吗？你们喜欢这个环境（我也真心喜欢），但孩子真心喜欢、能适应吗？这些要想清楚。我很佩服你们为了孩子读书、成长付出如此大的心思、心血和努力，但我也想劝你们，可以适当放松，要有自己的生活，不要过度焦虑。古今中外，完全没有问题的理想教育是不存在的。当下中国教育确实问题重重，但也不要听信危言，还是有解决之道的，不必过虑！我完全理解你们这代做父母的年轻人的艰难，但其实每一代人都活得不轻松。人类面临的最大危机并非物质匮乏，而是精神贫瘠！几乎全部的哲学家都在用自己的智慧来解决这个问题。但我想说，政治和哲学很难从顶层设计上一劳永逸地解决这个问题，而自我救赎不失为有效途径。你们有稳定的工作和收入，接受过良好的教育，没有理由对孩子的未来担忧、焦虑！父母是孩子最重要的老师，父母的生活态度对孩子影响最大，父母的匮乏感会影响孩子的为人处世。对获得幸福的自信会为我们当下生活增添光彩，你们要有信心！一定不要担心！时间关系，我只能啰唆这几句，以后有机会再聊。再次感谢！祝你们结婚纪念日快乐！

发完微信我感慨道：万千感慨写不进这封信，再长的文字也写不尽这万千感慨！90分钟后她回复："对不起，姚校长，我这会儿刚看完门诊！看到您这长长的回复，真的感动和惊喜。谢谢您的祝福，我先认真拜读五遍！"她是一位忙碌的大夫和两个孩子的母亲。

6月21日午夜12:43，她又发给我一封信，针对我的回复补充解释，特别写道："这次选择附中，从了解学校师资、校园文化、环境、招生要求、既往分数线，到宿管生活，全程让他一起参与，他自己也会主动上网查资料。通过这个过程，他也喜欢上附中。昨天他把您的朋友圈看了好久，也很敬佩姚校长您，从您的朋友圈了解到更加真实、多彩的附中生活。"7月2日上午，他们一家三口来学校一次，8月份我在学校操场偶遇曾先生，他陪着亲戚参观附中。我们在微信中偶有交流，不算太频繁。

6月24日凌晨2:02，曾先生发给我《致敬爱的姚校长的一封信》，图文并茂，有28张图片、6300字，长达27页。5:31，我回复："谢谢信任！我回头仔细拜读。"直到午饭后我才有空在电脑上仔细拜读并简短回复："曾先生好！理解和敬佩你们！赠书就不麻烦了，校长大规模赠书不合适，而且这些书也未必适合学生看。假期将到，可以带孩子到学校参观。提前和我说一下。"提到赠书之事是因为他在信的最后写到，要为初一800名新生每人送一本我的书，我当然不可能同意。漫说花他的钱，就是谁的钱都不花我也不会同意。我从未将自己的书发给同事。得到我的赠书一定都是有原因的。9月3日早晨他给我留言："敬爱的姚校长，早上好！今日秋意渐现，气候宜人！今天对于厦大附中是个好日子！今天是您离开蚌埠来到开发区赴任校长兼筹主15周年的日子……感恩姚校长！"从这点来看，他对厦大附中的熟悉程度仅次于我。

我们的愿景是要办所有学生永远喜欢的学校。学生喜欢，家长就会喜欢；家长喜欢，学生喜欢的可能性较大。开学第一周傍晚，我收到一位家长发来的微信，他问孩子：经过一周，感觉学校怎么样？孩子没有立即回答。下车时孩子指着后挡风玻璃说："这就是我的感觉！"家长发给我一张照片，是车子的后挡风玻璃，上面清晰可见"我爱附中"四个大字。看到这张照片的那一刻，我想的是，一定要让他六年后还能发自内心地说"我爱附中"！

2022年10月21日

这世界有那么多人（三）
——"附中没有一天在我的脑海中缺席"

2022年11月13日（周日）早晨5点多，我从手机电子邮箱里看到一封邮件，打开一看是兄弟学校一位高一学生许同学写给我的，发送时间是午夜12:05，看来她是熬夜写的。本来也到了起床的时间，我就索性躺在床上浏览这封信。看完我深为感动，随后，一边起床、洗漱，一边考虑怎么给她回信。但因为想早点到校送周日早晨到蜜原农场研学的高一学生，没有时间仔细推敲，在手机上回信也不太方便，故出门前匆匆给她回了几句："亲爱的许同学好！谢谢你给我写信！我这会儿要送高一的学生外出研学，等会儿再给你回信。抱歉！厦大附中姚跃林。"这之后的一天里，我满脑子都是这封信以及这封信带我给的情绪。

信的全文如下：

尊敬的姚校长：

您好！

我是一名太武中学（化名）的高一学生。来信略显突兀，在此向您说声抱歉。

那么正文就开始啦。

虽然我从不是附中的学生，但是我与附中的故事已四年有余。自小学六年级开始，附中便成为我的梦想，只可惜小升初"六年制"测试未能如愿。升入初中后，因为那次测试，心中总有股劲，暗暗发誓三年后一定要考上附中。在过去的1000多天里，附中没有一天在我的脑海中缺席。每每想起它，就仿佛有无限潜能和力量等着我去激发。直到初三，离中考越来越近，心中的梦也似乎触手可及。在那些流过泪的深夜，在努力过后，我一点点朝着我的目标靠近。中考来临之际，我心中怀揣着无限希望与期待，本以为能就着这次机会迈入附中的大门，却在中考前夕开始生病，最后再以毫厘之差与附中失之交臂。所幸，虽有遗憾，但结果并没有太坏，我进入了一个新的环境，成为一名太中学子。

或许，我对附中的了解，仅仅限于公众号上的照片与文字以及我的附中朋友的口述。但就是这微不足道的小心翼翼的窥探，足以让我震撼。我惊讶于附中校园的美丽与活力，惊讶于那些同学与老师的优秀，更惊讶于在以成绩为王道的考试制度下，竟有这样一群人在踏实而努力地做幸福的平凡人，竟有这样一群人在如此自由的氛围下，以"自强不息，止于至善"的校训不断完善自我、追求卓越。虽然我从未享受过在附中的生活，但仅凭这些了解，我能感受到这所学校不同于其他学校的活力与魅力，感受到它无与伦比的美好与独特。初三的我，每每想起这些，总有使不完的劲。我不断告诉自己应该与什么样的人同行，应该走进什么样的美好，应该为我值得拥有的一切付出怎样的努力。我在附中的公众号上看到了您的校长手记，读到了那些您与附中的故事，我感受到一种温暖与甜意，明白了我该与什么样的人携手同行，明白了我应倾尽所有热血去与这样的人靠近。在那些看似微不足道的小事中，您总能发现许多不一样的东西。您对附中的热爱在文字间四溢开来，即使是一个旁观者、一个局外人，也会在不经意间为这样的真情动容，感受到这世间尚存暖意。

我所在的县城，竞争巨大，附中仅仅是5000多人中的几个人能够进入的"圣地"。尽管如此，身边的不少同学都以附中为梦，就算实现的概率微乎其微，那也是我们手中紧握的强大力量，足以支撑我们度过所有的黑暗与苦痛。就算结果不尽如人意，我们也仍愿意并期待体验那样放手一搏的激情与热血。在这样的氛围中，想到附中，想到身边的同学，我意识到，附中人或许不仅仅囿于在附中读书的学生，身边的这些为了梦想奋力拼搏、追求幸福的人们是否也是附中人的精神的代表与象征，只不过，他们正奔跑在成为真正意义上的附中人的路上。

做一个幸福的平凡人，不应仅仅是附中学子的权利，而是所有人的权利，也是我们为之终生奋斗的目标。附中的孩子们是幸运的，他们比别人更早接触甚至懂得了许多人一辈子可能也无法领会的真谛。可惜的是，还有那么多人没有机会走进这样的美好，没有人告诉他们这一生应该怎样度过。我们都是平凡人，但最终仅有少数人能拥抱幸福。人生来便拥有幸福的权利，却无往不在痛苦的枷锁中。

作为旁观者，我虽不能体验到身临其境的感受，但也看到别样的风景。如今的我，在另一所重点高中就读，我明白我所处的环境即便不是自己最初最想要的结果，也已是大多数人仰望的高峰。在太武中学，在自由严谨的学风下，在一百年的悠久历史的熏陶下，我明白一个太中学子应该担起的责任。我在另一个优美的环境中感受不同于附中的美好，感受责任与使命带来的魅力——传承文明，追求卓越。这是太中百年芳华的历史沉淀与每一个太中人应始终牢记在心的座右铭。

曾几何时，在太中看到晚霞娇羞地泛红，一点点将白昼蚕食，如梦境般令人陶醉。思绪飘飞，在几十公里外，想到同样的美好也正在上演，那该是一种怎样的微妙的不可言说的感受。有个少女，凭栏远眺，将所有的晚霞与美好藏匿于嘴角泛起的涟漪，心悄悄地跃动，无悔于曾经的努力，虽有遗憾，也依然爱着自己的初心，依然向往着未来。

信的末尾，祝附中的学子都能找到自己的幸福，祝附中永远充满生机活力！

顺颂时祺，秋绥冬禧。

太武中学许同学
2022 年 11 月 13 日

在食堂用过早餐，送走外出研学的高一学生，从教学楼到宿舍区到亦乐园经过国际部回到办公室,我一直在考虑如何给她回信,但万千言语不知从何说起。因为有客人到访,我就急忙给她写了封回信。全文如下:

许同学好!

我是厦大附中姚跃林。我有一种挡不住的遗憾,你来过附中,但我却不认识你。但好在来日方长。你来信的每一个字都令我感动,譬如"虽然我从不是附中的学生,但是我与附中的故事已四年有余""在过去的1000多天里,附中没有一天在我的脑海中缺席""我能感受到这所学校不同于其他学校的活力与魅力,感受到它无与伦比的美好与独特""即使是一个旁观者、一个局外人,也会在不经意间为这样的真情动容,感受到这世间尚存暖意"等,都让我感受到了你的善良、真诚,领略到了你不凡的才华。

还有这些文字:

在这样的氛围中,想到附中,想到身边的同学,我意识到,附中人或许不仅仅囿于在附中读书的学生,身边的这些为了梦想奋力拼搏、追求幸福的人们是否也是附中人的精神的代表与象征,只不过,他们正奔跑在成为真正意义上的附中人的路上。

做一个幸福的平凡人,不应仅仅是附中学子的权利,而是所有人的权利,也是我们为之终生奋斗的目标。附中的孩子们是幸运的,他们比别人更早接触甚至懂得了许多人一辈子可能也无法领会的真谛。

有个少女,凭栏远眺,将所有的晚霞与美好藏匿于嘴角泛起的涟漪,心悄悄地跃动,无悔于曾经的努力,虽有遗憾,也依然爱着自己的初心,依然向往着未来。

……

从中可以看出,你不但深谙厦大附中文化,而且对教育、对人生都有深刻的理解。你是一位了不起的小女孩!正如你所言,你未能在附中就读,但我觉得你足以代表和象征附中人的精神。我要向你致敬!

太武中学是一所我崇敬的百年名校，她培养了代代英才。相信你一定能在太武中学圆梦。我如果到太武中学，可能的话一定争取去拜访你，也欢迎你光临附中做客！如果方便的话，请你发个收件信息给我，或者是你家人的收件信息，我寄几本我自己写的书给你做纪念。虽然是教育专著，但其中也有一些内容你是可以看的，特别是那些关于附中的故事。当然，如果我能在什么地方帮助你，我也非常乐意效劳。附中学生称我为他们的"专属客服"，毫无疑问，我也愿意成为你的"专属客服"。

因为有客人来访，他们马上要到，我先匆匆写这几句，有不对的地方请指正！

祝天天进步，祝幸福快乐！向你家人问好！

这封邮件是上午9:26发出的。中午12:40，我再次收到她的邮件，内容是她的收件信息，包括家庭住址以及她和她妈妈的电话。收件人是许美琪（化名）。因为学校快递驿站工作人员要到下午4点多才上班，而我因为到厦门海沧出差，要在下午4点前离校，所以没办法给她寄书。独自开车的路上，总感觉有些遗憾，没能将书及时寄出去，也许会让她牵挂，尽管我知道她周末才能回家。到海沧安顿好后，便给她发了条短信："美琪同学好！我是厦大附中姚跃林。感谢你给我写信！我今天下午出差了，等我周五回到学校就给你寄书。祝开心快乐！"20分钟后她给我打来电话，说本来应该发短信以免打搅我，但他们用的手机是学校统一配发的，可以收短信，却发不了短信，所以她只好给我打电话。我们聊了一会儿，我再次向她表示感谢，同时邀请她到厦大附中做客，我还说："你就是附中人，我要送你一枚附中校徽。"

那天下午离校前，我将她和我的邮件内容隐去相关真实信息后，以图片格式发到"附中服务者群"（学校干部群），并发了如下一段话：

各位同事，今天早晨我在电子邮箱里看到兄弟学校一位高一学生的一封来信，是午夜12:05发出来的，看来是她昨天熬夜写的。因为要赶到学校，我先浏览了一遍，很是感动，随即匆匆回复了两句话。巡完堂回办公室后给她写了封回信。我本有很多话要说，但因有客人来访，只好择机再写。我将她的来信和我的回信发给大家看看，我想我们要思考几个问题：附中在众多学子及其家人心目中的位置是何等神圣崇高，考进附中是多么不容易的事，一个孩子考进附中后在一个家族中是一件何等重要的事，我们有什么理由不呵护好我们的学生，我们有什么理由不全力帮助我们的学生圆梦，我们有什么理由不努力办好附中……浏览这封信后，一个早晨我脑海里就在回旋这句话：为党育人、为国育才固然重要，而为人育人是根本，教育为孩子，为孩子做教育、办学校，更是毋庸置疑！正值期中考试，我们要特别关爱学生，要有同理心，要感同身受，牢记"幸福是人类生命的目的"，让教育更加尊重生命，努力为同学们营造快乐幸福的学习生活，做人道的"应试教育"。谢谢大家！

那几天正值期中考试，我希望同事们将心理疏导和思想教育工作做得更仔细些。

11月17日（周四）晚我一回到学校，就将要送给她的书准备好。周五上午，线下、线上各有一个会，还接待了访客，但临近中午在快递驿站工作人员上班后，我还是去驿站将书寄出，同时给她妈妈发了短信："美琪妈妈好！我刚给美琪寄了三本我自己的书，估计明天能寄到，请注意查收。谢谢美琪给我写信，从中可见她是一位很有才华的女孩！欢迎你们光临厦大附中做客！厦门大学附属实验中学姚跃林。"不知何故迟迟未收到回复。傍晚，我给美琪发了条短信："美琪同学好！上午给你寄了三本我自己的书，明后天应该能寄到，请提醒你妈妈注意查收。我给她发了短信，她没回，可能没看到。学长学姐的书我手边没有，要从图书馆拿，过后准备好再寄给你或等你来附中时给你。此信息不必回复，等你周末回家收到书后再回即可。"周六傍晚，我收到从她妈妈的手机发过来的短信："姚校长好！书收到了。谢谢您！"我回复："不客气！"

晚上近8点的时候我收到了美琪发来的邮件：

姚校长好！

您的书我收到了，真的非常感谢您！一翻开封面就看到了您写给我的留言，一瞬间感动得落泪。自从我给您写信并收到您的来信以来，每一天的学习生活我都比以往更有动力。每每想起您，就仿佛有无限温暖将我拥入怀中。我渐渐从一两个月前的消沉中走出来，慢慢解开自己的心结，重新拾起那些曾经被我遗忘的东西，也愈加感到前路充满光明。在暑假的时候，我向一位高二的附中学长借来了《亦乐园》，在里面看到了我的小学同学——林美玥（化名）发表的文章，她是我很好的朋友，是曾经互相较量的竞争对手，也是我永远的榜样。看到她的文章，我找回了曾经的记忆，找回了曾经那个奋不顾身的自己。附中是我心中一隅净土，我会一直守着这片净土，浇灌它、滋润它，让自己的内心永远充满花香与欢笑！

姚校长，每次收到您的短信，我都会激动好久。我非常期待走进附中的那一天，只是不知道何时比较合适，还请您给个建议。谢谢您！

我当即回信：

美琪好！我想象得到你的优秀，我相信这种优秀丝毫不逊于美玥。美玥我也很熟悉，我们几乎天天见面。她不仅天资好，而且十分努力。美琪、美玥都是美玉、都是宝贝，我相信你们一定前程似锦。昨天上午我有两个会，比较匆忙，没有备好学长学姐的书。我几乎都在学校，包括双休日，前几天出差是一年来唯一的一次，所以你随时可以来，来之前约一下即可。明天上午我们召开教代会，中午有几位客人要来，估计我要到下午3点后才有时间，怕没空接待你。不知你明天什么时候返校。我建议不如我们先约下周末，具体时间你定好后告诉我即可，定什么时间都行。

稍晚些时候，她发来邮件说："校长好！我周末时若不留宿一般都回家，明天下午3点返校，所以这周去不了。下周应该会留宿，如果我妈妈有空的话，周日可以接我出去，下午5点左右返校即可。要去的话，我会提前告知您。"我回复:"初定下周日下午。你们也可以周日中午到附中吃饭,我请你们在食堂用餐。周末愉快!"

我一直期待着周末和她见面,本来打算傍晚打电话约她,不想中午她打来电话,告知因疫情防控本周来不了。我说我不着急,疫情平稳后再约。

我告诉她,准备送给她的附中学长学姐的书以及附中校徽,我都准备好了。

12月11日,美琪在妈妈的陪同下来到附中,我陪她们游览校园,在办公室聊天,我还特别邀请了她的两位小学同学全程陪同。晚上8:11,我收到她妈妈发来的微信:"姚校长,美琪已回学校,我们已安全回到家里。感谢校长如此用心招待,并倾囊相授,我们全家都十分珍惜这难得的缘分,诚挚邀请您有时间过来玩,感受小城人民对您的热忱。祝您和家人健康幸福!"我回复:"谢谢!感谢美琪和你们的信任!祝你们全家快乐幸福!欢迎常来!"美琪妈妈还发来很多我和美琪的照片,我再次回复:"谢谢!注定是难忘的一天!这是一个愉快的周日!谢谢美琪!谢谢您!"

2022年12月15日

这世界有那么多人（四）
——"豆腐嘴，豆腐心"

昨天下午，我阅读了高一9班林宸可同学发表在《闽南日报》上的《那碗沙茶面》，很是感动。我立即将文章的截图和整版PDF文件发给食堂经理，发了三个大拇指表情符号并留言："代我谢谢这位员工！"接着我又将截图和整版PDF文件发到学校办公群并留言："高一9班林宸可同学的《那碗沙茶面》发表在5月4日的《闽南日报》，我推荐给大家。感谢那位食堂'阿姨'！感谢宸可同学！感谢傅晶晶老师！这才是附中的美好！我曾在2020年秋季开学典礼上致辞《附中因何而美丽》，也曾在2015年高中毕业典礼上致辞《人性美是创造幸福人生的动力》，《那碗沙茶面》让我看到了这种美。我们因美而敏感，而非麻木！'那碗沙茶面'的故事堪比'一碗阳春面'的故事。"

《那碗沙茶面》全文如下：

待回家的大巴已然徐徐开出校门时，我猛然惊觉，在附中的生活竟半年有余了。一些从陌生到熟悉的脸在我的脑海中一一浮现，直到那张脸的出现，我才愿意把时间定格下来，定格到那个奇妙的下午。

那天中午在食堂门口排着队的我，还不知道将会发生什么。也许是上午的课占据了我所有的注意力，我的头昏昏沉沉的，眼里只剩下队伍尽头的沙茶面了。盼星星盼月亮，终于轮到我了，我快速点完餐后，也很快拿到我心心念念的沙茶面，便开心地大饱口福。

吃着吃着，突然便觉得有些不对劲——今天的面多少钱来着？为什么我毫无印象？可若是忘记付钱，饭卡也应该在我的裤兜里而不是在托盘上啊，况且阿姨也没有叫住我。我晃晃脑袋，突然感觉事情开始变得复杂起来，父母从小教导我绝不能够"吃白食"占人便宜，而这碗千辛万苦等来的沙茶面可能是"免费的午餐"，这样的猜想使得眼前的沙茶面都索然无味了。

回到宿舍，我还是不放心，若真是我一时糊涂忘记刷饭卡，那该怎么办？我赶忙给父亲打电话，让父亲帮我查一下我的饭卡消费记录，结果果然不妙——真的没有刷饭卡付钱！我的心顿时凉了半截，父亲督促我要尽快去付钱，但是宿舍大门已经关了，我只能悻悻地回到宿舍，等晚上吃饭时再去解决这件事。

但一整个下午我都有点心神不宁的，生怕下一秒就有食堂阿姨过来指认我，说："你们看！就是这个同学！中午吃了霸王餐！"当时有没有其他同学看见啊？他们会怎么看我？会认为我是小偷吗？我顿时被这样的想法吓得毛骨悚然，更加坐立不安了。

好不容易捱过了上课时间，一放学我就冲去了食堂，以前是因为饿，今天是为了"还债"。为了找到阿姨，我又特意排了沙茶面的队，所幸今天是周五，人不多反而给我减轻了点心理负担。

终于轮到我了，我战战兢兢地说明了来由，意料之外的是，责备声并没有落到我的头上，阿姨只是笑着问我："那中午那些多少钱？"我惭愧地说："不知道。""那就算了，没关系。""不行，一定要付钱的。"我坚持道。"那我就按最低标准给你……算六块吧。"阿姨一边说着，一边给我盛好了一碗沙茶面。我心里明白，实际的价格肯定不止六元，我不由得衷心说了声"谢谢"。转身还听到了阿姨关心询问同学饭菜够不够吃的话语，我心里暖洋洋的，一扫之前的忧虑，整个人轻松了许多。

回想起来，那位阿姨身穿工作服，戴着口罩，我可能认不出来了，但是那天她温柔得丝毫没有任何怪罪的言语，犹如新春雨水般滋润了我的心田。她虽然是"素未谋面"的食堂阿姨，但在那一刻她亦是我的老师，让我明白：在他人无意犯错时，不必斤斤计较，用善意宽容的心态去对待，可以带给人如沐春风的感受。亦让我明白：当我们无意之间犯下错误时，真诚地去面对和解决，胜过一切惴惴不安的胡思乱想。

车摇摇晃晃地停下了，终于到家了，我拿着行李下了车，脑海里挥之不去的是那双含笑的眼睛……

我连续看了两遍，眼含热泪。后来我又将《那碗沙茶面》的电子版截图发到朋友圈，有校友留言："'沙茶阿姨'真的很好，笑起来很好看。'沙茶大叔'很幽默，虽然平时看着很凶。""沙茶窗口的大叔和阿姨人都很幽默，阿姨很温柔，大叔虽然看起来凶凶的，但其实是那种刀子嘴豆腐心的感觉，还会讲冷笑话。""附中食堂的叔叔阿姨们真的很好，有收盘子的时候明明很忙却还是会回复学生'不客气'的阿姨，有会关心你米饭够不够的阿姨，有会关心你怎么很久没来吃饭了的阿姨。附中的阿姨从来不会手抖少给你菜，每次都是满满当当的一盘子。"这些留言同样让我感动。

晚餐我到食堂比较迟，但还是到了2号餐厅沙茶面窗口，想当面感谢那位员工，但他们已歇工。"阿姨"在楼下干收碗的活去了，我没让他们喊她过来。"大叔"碰巧过来了，是老许，我将学生的留言给他看，军人出身的爷们眼圈也红红的。他是本地人，在附中工作已有很多年，差不多建校初期就来了。他的两个孩子都曾在附中读书。我笑着对他说："其实您不妨豆腐嘴豆腐心。'刀子嘴'会吓倒有些胆小的学生，譬如我。"他笑着点点头。我希望"附中味"是在酸甜苦辣咸五味之外再加人情味的六味和谐。

晚自习，我巡堂到高一9班，不由自主地走进教室，当面感谢宸可，当众表扬宸可，分享了我对《那碗沙茶面》的阅读体会和对"人性美"的看法，也表达了我对纯白少年的信心和赞美。遗憾的是，中学语文课本里已没有《一碗阳春面》一文。另外，让我没想到的是，全班同学都还不知道"那碗沙茶面"的故事。我可是下午2点多就发在学校办公群里的，所有老师都在这个群里，但直到晚自习，他们班的老师，包括班主任和语文老师，都没跟学生提这个事。我甚至怀疑，宸可同学自己还未必知道她的文章已经发表的这件事。我一直担心，我们的同事有幸成为一群优秀孩子的老师，日久天长，我们会对"优秀"淡然乃至漠视。德育处志源主任在我将截图发到群里仅 30 分钟后就给我留言："临时决定，下周班会的主题是，那碗沙茶面：人性之美！"我很赞成。

今天中午我早点到食堂，吃饭前再次到沙茶面窗口，"大叔"一人掌勺，"阿姨"尚在别的岗位上，还是没见着。饭后我再次过去，当面向那位"阿姨"致谢。"阿姨"很谦虚，一直笑着称赞我们的学生。我说："学校教书育人，这里面也有你们的功劳。"

为了当面致谢，我算是"三顾茅庐"。

教育无非服务，而最直接的、一目了然的服务就是后勤工作，吃饭、睡觉、运动、安全……所以我们在后勤管理上下了很大功夫，总体服务质量得到了师生的肯定和家长的认可，但"办学生喜欢的学校"永远在路上！

如果学校是我们共同的家园，我们就得在"温馨"上下足功夫！提高服务能力固然重要，而改善服务态度尤为现实。受制于各种因素，我们的服务能力的提高不是想到就能做到，但"态度温馨"是任何条件下都可以实现的。厦大附中餐饮是一种文化，已深深印刻在附中毕业生心里。这其中既有我们的不懈奉献，也有学生的包容。我们要发扬好、传承好这种文化精神。食堂要懂得经营，不要自毁形象！我经常赞扬食堂员工的温和和热情，也指出还有极少数人态度不好，还需要持续改进。

几年前的一天晚餐，一个女生买饭，背着书包，一手拿书一手端餐盘，一不小心餐盘倾斜，菜盘掉到地上，菜洒了一地。她有些手足无措，我走过去说："没关系，我让阿姨来清扫。"她说："谢谢校长！"我立即到窗口交代。因为没有确切看到她再去排队重买，担心她就那么凑合一餐，我打算掏钱送她一份。等我回到原地，她已不知去向。张望了很久，终不见她的去向，后悔半天。我随后给经理留言："如果有学生不慎餐盘掉落，导致饭菜洒落地上，除请员工及时清扫外，再免费送一份。不知落实得怎么样？员工是否知道这种做法？当然，不在视野范围内或不知道的又或学生不愿意的另当别论。偶发事件，花不了什么钱。饭菜洒了一地，他已是惶恐，我们非但不要批评，还要另送一份。他如果坚持不要，我们也不要勉强，要顾及他的尊严。我们对他友善，他对世界就友善。"之后，我不时问经理落实得怎么样，经理说一直按"校长的指示"做，"但是有些同学比较客气，要求自己再刷卡"。我说："那就尊重他们！"

在那之后不久的一天中午，我用完午餐，送完餐具，在食堂靠近洗手池处，看到一个小女生只拿了一小碗米饭，没有用餐盘，没有菜、汤。我问她为什么只吃干米饭，她说忘带餐卡了。米饭是免费供应的，也有免费的汤，但她只拿了一小碗米饭。我将自己的餐卡给她，说我在那儿等她。她接过餐卡，一看人多，怕耽误我时间，就不肯去买。后来我带她到教师窗口给她买了两菜一汤。回到办公室后我给经理留言："无论师生中谁忘记带餐卡，都要让他们先吃饭。饭费欠在那里，过后再还，不还也没有关系，毕竟少之又少。可能我们也是这样做的，但宣传还不够，最好做个提示语。我这边也跟班主任打个招呼。"

通常情况下，就餐时间路遇学生，我一般都用传统问候"吃饭了吗"，特别是早餐时分。而且，在得到"吃过了"的应答后都要加一句"好好吃饭"。不久前的一天早晨，我在高中部巡堂结束后往初中部的路上碰到七年级16班的王淇（化名）同学，我习惯性地问他："吃饭了吗？"他说："没有，起床迟了。"我说："也不迟呀。带了吃的吗？"他说："没有。没关系，中午再吃。"我说："我给你买一份？"他摇头说："不要。"我说："不可以不吃饭！"他说："好的，下不为例。"然后告别。我随即给食堂经理打电话，让他帮我买一份牛奶和面包，请人送到七年级16班交给王淇。怕经理记不住班级姓名，我还给他发了微信。15分钟后，经理给我发来信息："校长好，早餐已经按照您的吩咐送给王淇同学了。"高中早操结束后，我在图书广场遇到送餐的员工，我一方面表示感谢，另一方面告诉她中午吃饭的时候我去付款。她说用不着，我说用得着。午餐时，我在窗口另付了六元。类似的事我不是第一次做，也不是经常做，更不需要每天做。我们不必将世界想得太复杂。

如果和平时期"战狼"遍地，那只能说明这个社会还缺了点什么，我还是相信"只要人人都献出一点爱，世界将变成美好的明天"。2021年2月1

日（寒假前一天）晚餐，我远远地看到高三的陈昕同学和一位食堂阿姨交流着什么，手里还拿着一个本子。我放下筷子走过去了解情况，原来是陈昕想留这个阿姨的电话，这个阿姨很照顾她，快放假了，她过年要给阿姨打电话拜年。我真的很感动，既为食堂员工关爱学生而感动，更为学生懂得感恩而感动。我回到餐桌，远远地拍了两张照片，从此，那两个红白相映的身影深深地印刻在我的脑海里，直到今天，相信也会到永远。

"附中味"不单是食堂饭菜酸甜苦辣咸五味和谐，更是师生关系的和美，还是这背后众多矛盾体的和谐，诸如理想与现实、竞争与合作、原则与变通、宽柔与严格、分数与素养、应试与素质、守正与创新、进取与放弃、斗争与妥协、拼搏与享受、奔跑与漫步、奔放与内敛……很多矛盾看起来是不可调和的，但实际上我们只要有足够的智慧就一定能处理好这些矛盾，大可不必剑拔弩张。因此，我希望"陈昕们"，无论走到哪里，都对这个世界永远温柔以待！

我希望"附中味"永远萦绕在学生心间，并因此让他们倍感世界的美好。所以，我们不仅在校友返校日为校友免费供餐，而且在2号餐厅常设校友窗口，校友任何时候返校都是免费就餐。我让食堂帮我统计一年的费用，因为疫情，2020—2022年，校友用餐金额分别为2753元、3215元、2981元，2023年1—4月，校友用餐金额为3150元。据此测算，目前一年用不了一万元。为此，我和太太早就决定在我退休的时候给校友会捐款10万元，将校友返校就餐的未来10年的餐费预交了，希望"附中味"在五味之外更增一味——人情味。

我始终生活在现实中，但从未忘记理想！

2023 年 5 月 6 日

这世界有那么多人（五）

今天早晨，在高中部教学楼巡堂后，我照例要从体育馆、田径场转一圈，然后回办公室。走过西门后，我忽然想到已有一段时间没有到围墙外走走了，便转身走出西门，一边看看校外绿化，看看路边卫生，一边计划着组织一次校外劳动。走过水云天小区路口的时候，隔着马路，我看到某培训机构的门外站着两个人，都戴着口罩，一瞬间我就认出是周家伟（化名）母子，便隔着马路喊了一声："家伟。"他们母子愣了一下后，家伟妈妈马上反应过来说："哎！校长，校长好！"家伟跟着也喊道："校长好！"我走过马路，和他们聊了一会儿，然后又回到学校一侧，一直绕到东门后进校。

家伟是 4 月 6 日清明假后才进附中学习的九年级学生，安排在九年级 6 班旁听。他本是河南安阳人，学籍在安阳，通过购房入户，作为回籍生报名参加中考的。

3 月 30 日早晨 7:49，刚结束看操的我收到一条陌生人发来的短信："尊敬的姚校长，您好！恕我唐突，在您忙碌的工作时间冒昧留言，敬请原谅。我几个月前在一家教育平台上拜读了您的一篇文章《奔跑的男孩》，从文章中深切感受到姚校长的教育理念与情怀，遂寻找您的作品《让教育稍稍有点诗意》《让教育带着温度落地》，认真研读，从您的书中我学习到许多东西。您的著述使我在陪伴孩子成长的过程中得到帮助。几经波折，我终于来到姚校长的学校，厦大附属实验中学，想当面聆听您的教诲，拜请您在工作之余不吝赐教。……一个努力奔跑的男孩的助跑妈妈敬上。"我完全摸不着头脑。

我回到办公室就给她去了电话，原来她是一位河南安阳籍的母亲，从网上了解到我和厦大附中,于是去年底在附中西南边的静海湾买了套房子,将母子俩的户口迁到了开发区,铁下心让孩子在漳州参加中考、上厦大附中。我说:"首先感谢您的信任;其次向您致敬,您也太能折腾了,这么远;再次,附中高中录取分数线还是挺高的,您怎么能保证孩子一定能考上附中?"她说对孩子的成绩很有信心,孩子在安阳四所优质初中联考中的成绩比较靠前,应该能考上附中。我问她找我有什么事,她说想到学校来拜访。我说您有事就直接说。原来他们在3月10日来开发区教育局报名中考,考虑到一些特殊原因决定就留在开发区。孩子在家里自学也不是个办法,便在旁边的教培机构给孩子报了名,孩子全天候在培训机构学习。没想到,因防疫需要,所有培训机构的业务暂停。待初三返校线下上课,他们就着急了,想问问能否在附中借读。我回答她:"这种情况一无先例,二怕有攀比,三是没有借读和旁听的政策。但考虑到情况特殊,特别是被你们的诚意打动,我们尽量想办法。"我表示这种情况需要研究,让她先写个申请给我。她显然大喜过望。

她随后加了我的微信,上午9:20,她将申请发了过来。主要内容是因为一些特殊情况,孩子无处学习,为了让孩子能更好地学习,家长申请让孩子到厦大附中旁听,希望领导根据情况给予帮助和关爱。并提到孩子周家伟是一名品学兼优的好学生,兴趣爱好广泛,对计算机软件硬件非常感兴趣,在初二时自己购置二手零件组装电脑并安装程序,在学习之余还帮助同学维修、调试电脑。家长相信在厦大附中这样好的学校,在厦大附中老师的教育引导下,孩子会更加优秀。

随后,我给区招办的老师去电话询问是否有叫周家伟的回漳生报名,他们说没有,我请他们查查看。过一会儿他们来电说,有这个学生,而且感觉家长的素质挺高的。于是我将他们的申请发到了党委群里,并且留言:"大家看看能否给这个学生机会?家长是自己找过来的。我本来想一口拒绝,但又想到如果成绩优秀,最终考进来了,我们就当提前做点好事。主要还是受疫情影响,家长担心往来不便。"大家都表示特殊情况,可以提供帮助。为了防止有类似情况的其他人攀比,我在群里说:"建议年段安排一套数学试卷让这个学生做一下,如果确实不错,我们就帮一下。大家看看如何?对其他人也算是一个交代。"大家都表示同意。4月2日,年段正好考语文、数学,家伟一早就来到学校参加考试,正巧碰到我巡堂,我远远地看到一个未穿校服、戴着口罩的男生在走廊里张望,便走过去问是不是周家伟,他说是。我让他到教师休息室等候,然后联系老师安排他参加考试。他的成绩确实不错,不出意外应该能考上附中。在我的催促下,4月5日晚,同事通知他来旁听。晚上10:10,我收到家伟母亲的信息:"姚校长,陈主任给我打电话了,明天让孩子去学校上学了,九年级6班,感谢姚校长和厦大附中给我们这个机会,孩子一定会好好读书,谢谢校长!"我回复:"不客气!"4月6日,家伟正式到班上课,免费旁听。

直到今晨邂逅,这十多天里我们没有再联系。其间,我也问过班主任关于家伟的情况,班主任说"不错"。直到告别,我也不知道家伟母亲的"真面目",因为她一直戴着口罩。

2022年4月17日

■ 补记

这之后我们很少联系。5月10日,她发给我信息:"姚校长,给您汇报一下家伟的学习情况。家伟的月考进步了,比上次的市质检有进步。家伟每天都开心快乐地读书,他说比在原来的中学读书有氛围。原来就像机器一样机械地学习,现在可以快乐地学习,学习之余还可以做些自己喜欢的物理手工,他非常开心。都是姚校长给他这样一个学习的平台和机会,我和家伟非常感谢。孩子说努力学习,争取考上厦大附中高中。家伟特别喜欢物理和计算机编程,努力学习实现自己的理想。"我只发了个大拇指和握手的表情包。她又发:"满心的感激之情,不知道怎么报答校长,只有督促孩子努力学习来回报校长一二。"我发了个拱手的表情包。

转眼中考结束,6月29日上午8:19,我收到她的信息:"姚校长:您好!家伟在您的帮助下,已经顺利完成中考,明天早上参加毕业典礼,给初中画一个圆满的句号。我一直都想带着家伟到学校去当面谢谢您给我们的无私帮助,明天我能进学校当面跟您说声谢谢吗？"我回："您好！可以进校。感谢不必了，都是为了孩子！谢谢你们的信任！"她回："太好了，明天我同家伟一起去感谢校长，让家伟也要感谢校长，感谢教导和帮助过他的所有老师。"

第二天早晨，毕业典礼前，我在礼堂门口遇到她，她递给我一封信，还有我的两本书，想让我签名。我说没问题，等毕业典礼结束后我签好放在传达室。上午10:44，我收到她的信息："姚校长，书已经拿到，非常感谢校长。我带家伟先回去了，明天早上的飞机回安阳。期待家伟能被附中高中录取。"我回："一定能考上附中！一路顺风！"

这个时候我打开她写给我的信：

尊敬的姚校长：

您好，工作顺利，一切安好！

提笔写这封信源于感激之情。家伟已在附中学习几个月，昨天顺利参加了中考。一直说要当面感谢您，又怕影响您工作，所以写这封信，表达感谢。感谢您给我们家伟一个学习的机会。能有幸进入附中学习，家伟开心、快乐地学习，在学校、班级得到所有任课老师及同学们的帮助，学习进步很大，家伟爱上了在附中读书的日子。

在读您的著作时，读到您在开学典礼上的讲话："同学们，我们从四面八方来到具有坚定文化追求的厦大附中，问过自己'所为何来'没有？我想，无非也是为着一种崇高的追求而来。"读到这里，我也自问了一下："所为何来？""70后"的我，在一个山沟沟里长大。父母辛劳地养育我们兄妹三人，对于我们的教育成长，也是苦心成全，然力不从心。当年我为了早日独立，减轻父母的负担，放弃读高中，选择读职业学校，早日挣钱贴补家用。但我的不甘与遗憾一直在内心深处。工作后，我不断努力学习，提升自己。边工作边学习，虽然没有多大进益，但我始终没有放弃。有孩子后，我也像大多数家长一样，把自己的遗憾强加于孩子身上，让他们来完成我的理想，我便听了许多有关孩子教育的讲座，买了许多有关孩子教育的书来读。孩子付出百倍努力与汗水，家长陪读付出的辛苦不止百倍。我女儿小学时学习奥数，参加竞赛、特长生考试，每天放学后我送她去辅导机构学习，孩子坐在电动车后面啃几口面包，到教室后，孩子在前面听课，我在最后一排空座上记笔记。她学习中遇到难题，我们一起钻研，直到弄懂弄会。我们娘俩就这样坚持着。后来孩子走出了安阳，考上郑州市北大附中河南分校的宏志班。要问我"因何而来"，因何带着孩子奔波学习，我想，也是为了圆我心中的梦与年少时留下的遗憾，不想让孩子再留下遗憾罢了。

我带家伟奔赴厦大附中，一个重要的原因，是姚校长的教育理念深深吸引了我。您在书中说："我的教育理想是让孩子们热爱学习，立志终身学习，所以我希望教育要尊重学生的个性。我反对教育无用论，认为教育是可以塑造人的，而人道的教育是在尊重人的个性的基础上适度塑造，教育要适度，要祛除'过度'的教育，以人为本，就是提倡适性教育与适度教育。'适性'就是让教育尊重具体人的个性，而'适度'就是教育之外还要享受生活。教育的力量是巨大的，但绝非无限大。为每个人提供适合的教育则善莫大焉。"这正是我从女儿的教育成长过程中得到的启示。女儿从小接受的填鸭式高强度学习，让她的童年没有快乐可言，以致到现在对故乡、对小时候都没有什么记忆。记忆中都是上课、下课、刷题，没有生活乐趣。虽然她也能从学习中体会到成就感与快乐，但童年生活中的快乐是空白的。所以在养育弟弟家伟时，我想让他在学习、生活中都能开心、快乐。我放弃工作，放弃熟悉的生活环境来到这里，厦大附中，让家伟能在附中快乐地学习，开心地生活。我因此而来。

尊敬的姚校长，我对您的感激之情无以言表。在我无助时，是您给予我们家伟无私的帮助与关怀。当我打电话把这件事告诉我家乡的老母亲时，她说要每天祈祷您健康长寿。她用自己的方式感恩、感谢、报答您。我和家伟也讨论着用什么方法报答您，家伟说要努力学习、健康成长，将来做一个对社会、对国家有用的人，他用自己的方式来报答校长。山感恩大地，方成其高峻；海感恩小溪，方成其博大。家伟在成长中能遇到校长这样的恩师是他一生的幸运。无论家伟能否考上附中高中，他都是您的学生，都是附中学子。长大后，他能成为一个有家国情怀的人。我们为圆梦而来，成为为了心中理想而不懈努力的人，成为给未来的自己保留一份美好的人。我们要成为不仅自己快乐幸福，还能给更多的人带来快乐幸福的人。这是我的愿望，也是我报答校长的方式。

就此止笔，敬祝校长身体健康、万事如意。

此致

敬礼！

一个努力奔跑男孩的助跑妈妈
2022 年 6 月 27 日夜

（姚校长，能否在您的这两部著作上留下您的签名墨宝，我收藏留念。）

此刻，我还不知道她长啥样，因为仅有的两次见面她都一直戴着口罩。

7月14日上午9:51，她将家伟的中考成绩截图发给我，留言："姚校长，您好，家伟的成绩出来了，不知能不能进附中？报志愿还不会报，我正在学习报志愿。"我回："祝贺！肯定没问题。具体名次我现在也不知道，下午就清楚了。志愿填报不难，填厦大附中就可以了。"她回："好的，家伟取得的成绩，多亏校长能给他学习的机会。高中三年在附中他一定能更快乐地学习生活。谢谢校长，我很激动，也很感激您。"8月30日上午10:41，她发来信息："姚校长，您好，家伟已经顺利入学，分到高一6班了，住在2号楼303宿舍，也比较适应军训，一切都很顺利。这都是校长您给予家伟的帮助，给他入学学习的机会，非常感谢。"我回："您还在漳州港陪读吗？可以不必陪了。偶尔来看看即可。"

为何有那么多"伤心"的学生

昨天是周日，上午学校召开三届二次教代会。会议第一阶段议程结束后，我看到微信上有高二梁薇薇（化名）同学的妈妈在一小时前的留言："校长好，您今天傍晚在学校吗？我再去学校一趟，想跟您聊聊。那天从附中回来以后，我们不断地跟薇薇沟通她的决定。她还是过不了心里那道坎，人际关系还是让她无法面对同学，所以她还是认为自己无法回附中。不过，她一直坚持说，一年后她还想回附中继续读。目前她的这种情况，我认为不能继续在家待了，不能再耽误课了，所以这几天我在努力跟云谷中学（化名）沟通，看能否去那暂时读书。一年以后的事到那时再说。如果您傍晚在校的话，我想跟您当面聊聊。打扰您了！"我立即回复："正在开教代会。我都在学校，但没有必要专门跑一趟，有事您说即可。薇薇的学位会保留，只要她愿意，您放心！"她又回："大恩铭记，谢谢您，校长！我下午还是过去一趟，到时候给您报告。"

下午5:30，薇薇和她父母一同来到我办公室。我没想到薇薇也来了。她妈妈说："薇薇自己要来，要和校长当面说。薇薇，你自己说！"薇薇吞吞吐吐，说了一些话，大意是很感谢附中、感谢校长、感谢老师，在附中生活得很开心，最后又问："校长，我可以算附中的校友吗？"我说："你当然是！我说过，只要在附中学习过半天，只要他愿意，附中的校友空间里就一定能找到他的名字和身影。"告别时她说："校长，我可以拥抱您吗？"我说："好。"她妈妈一直在抹眼泪。我们聊了一个小时。

薇薇初中就读于云谷中学，成绩一般，中考成绩只能上质量一般的普通高中。她爸爸是厦门大学的老师，她是以厦大教工子女的身份到附中旁听，而且是免费的。高一进校前，我了解到她的中考成绩，觉得差距大，就对她爸爸妈妈说，在附中学习她会很辛苦，成绩基本就是垫底，很难有翻身的机会，她会有很大的挫败感，而且是持续不断的。当然，如果有很好的心理承受力，即使落后也能紧紧地跟着，她在这里自然是比在她的学籍校读书有利，因为整个学习氛围很好。结果正如我所言，每次考试她的成绩都是倒数几名。高二分班时，她选择了史地政，但是开学后却不肯到校，勉强到校后也无心学习；国庆回家后又不肯返校，家长好说歹说，她拖了好几天才返校。返校后仍说自己心理有问题，需要看心理医生，她说自己整夜睡不着觉。我找她聊了很长时间。她说自己学习上有压力，特别是数学，几乎不会，考试全靠蒙；人际交往上压力更大，和几位男生的关系处理得不太好，她被班级同学甚至其他班级同学指指点点，自己也觉得抬不起头来，在班里没有朋友。高一时她给我发过短信，说有个男生经常给她发短信，表示好感，她说自己没有这个意思。我斩钉截铁地告诉她必须立即断绝往来。她后来告诉我已经处理好了。我闻知非常高兴。我判断，之所以会有这种情况，也与她学习压力大有关系，她无法从学习落后的困境中解脱。从表达的逻辑性看，我觉得她不应该有什么心理问题。但那天她仍然没有进班，拿着几本书跟着父母回去了。

　　她父母带她到心理专科医院进行了全面检查，医生诊断没有问题。找不到理由，她只好又回到学校上课。有一天，她给我发短信，约我谈谈。我约了个时间。她说那天要回家，家里有事。后来知道，所谓有事，是她父母约了一个心理咨询师。据说，那个咨询师诊断她是人格分裂或是精神分裂之类的，一下子将他们给吓住了。他们又到一家更专业的心理专科医院去就医，但医生仍然诊断没有问题，不仅不给开具休学建议书，连假条也不肯开。但是，她就是不肯返校。又过了几天，就有了她和父母来辞别的事。如果没有病，休学是根本解决不了问题的。她的困难仍然在，而且休学这一年累积的问题会更多，有可能她连一个外人都不敢见。她父母听从了我的建议，最终到云谷中学旁听。她喜欢附中，舍不得离开附中，但能否回来还是个未知数。

昨天下午3:00—4:30，我接待了一位厦门某学校的高三学生来访。10天前，原厦门教科所第一任所长、91岁高龄的徐报德老人来访，教科院的段艳霞老师和徐老的女儿咏梅女士陪同。还有一位同来的女士叫杨欣（化名），某书店员工，那是我们第一次见面。她也是段老师所在的读书共同体的成员，看过我的书。几天后，也就是上个周四（11月11日）中午，杨欣女士给我发来一条长长的短信：

姚校长，您好！担心您上午在学校忙，所以在中午时间打扰您。有件事，我非常希望能得到您的帮助。您上周送了我一本您写的书，我没有想到，对我儿子的影响非常大。我回家后将书放在桌上，他拿去看了。昨天（11月10日）中午他用了半个小时跟他爸聊那本书，聊您。他的学习成绩不太好，高三压力大，人际交往能力也不是很强，所以这段时间他选择了最简单又最傻的办法，就是选择性地不上课，有几节地理、政治课不去，昨天下午的英语小测也不参加。他不告诉我们要去哪儿，只说出教室走走，透透气。老师找不到他，就找了我。我们都很担心他。昨天晚自习回来后，我跟他聊，他说特别想见见您或者跟您说上20分钟的话，说您在书里写的同学，就是他，还说他摸着书就可以感觉到您的温度。他让我买下您所有的书，他要看。他问，为什么你们说的好孩子是别人家的，好校长也是别人家的。他说："妈妈，你太优秀了，你不能理解我，姚校长可以。"不知道您哪个时间有空，我是否可以带孩子去找您一趟，让他见见您？您现在是他的偶像。昨天晚上，孩子还说："妈妈，爸爸说可以带我去看最好的心理老师，一个小时1500元。我跟爸爸说，我不用去看，心理老师要说什么我都知道。我就想跟姚校长说说话，妈妈你如果能让我实现这个愿望，这个值1500万。"

我随即回复："杨女士好！可能是距离产生美，我也没那么神！高三压力确实很大，家长和老师要理解和帮助他们。需要我和他聊聊是可以的，但不知道能不能解决问题。我们周日上午要开教代会，这两天我在准备工作报告，还有上课和一些其他的工作安排，没有时间。如果想来的话，初定周日下午可以吗？谢谢孩子的信任！谢谢你们的信任！"她回复："可以的，谢谢姚校长，感恩！"周六她又留言："姚校长，您好，我们明天下午几点到您那儿比较方便？孩子中午回家特地跟我说，'妈妈，您跟姚校长说一下，姚校长肯定很忙，我不用很长时间'。"我回复："我一天都在学校。下午什么时间来都可以。如果没有特殊情况就下午3点吧。你们出发前发个信息给我即可。请转告孩子，聊多长时间都可以！"她回："好的，他跟我确认了好几遍去您那里的事情，他还不太相信。中午跟我说，他放学要先去剪个头发，明天要见姚校长。"

最终我们聊了90分钟。我感谢他对我的信任。孩子的表达很好，并不是那种内向的孩子，他主动找我聊就是证明。我不是他们学校的老师，和他母亲也只是一面之缘，他能主动寻求帮助，说明他有解决问题的积极愿望，而不是消极地等待。孩子的问题也是两个，和薇薇如出一辙：一是学习压力，他的成绩在中位徘徊，特别是数学，为此他花费了很多精力，但成绩始终提高无门，很是苦闷；二是人际交往"障碍"，他觉得很孤独，在班里没有朋友。聊了90分钟，看得出来他很开心，但我不知道最终有什么效果。告别时我送了一本我的演讲录《让教育更加尊重生命》给他，题的字是："做幸福的平凡人。"我送他到楼下，应他母亲的要求，我俩在行政楼前合了影。他们到校时，我提前在传达室迎候，没有让他妈妈上楼，让她自己逛校园，我单独和孩子聊。他们回家后，杨欣女士给我留言："今天是孩子难忘的一次经历，对我也是。"

之前，在周五下午，段艳霞老师发了一张杨欣和她聊天的截图给我。杨欣女士给段老师留言："我儿子最近状态很不好，被班主任多次投诉，已经到了不想去上课的程度。儿子跟我说，他非常想见姚校长，姚校长书里的孩子有他。前天晚上跟我聊到哭。我昨天壮着胆子问姚校长有没有时间，可否跟我儿子见个面、聊几句。姚校长回我消息，竟然同意了。我心里感到特别温暖，感恩，真的。我儿子能够通过一本书，跟我说，'妈，你不懂我，姚校长可以懂我'。"段老师给我留言："姚校长，太感谢您了！您的书具有心灵疗愈的价值，孩子在您这里找到了情绪的出口。又是一个感人的教育故事。"坦率地说，我没空制造故事，但孩子信任我，我没办法拒绝。仅此而已。

前天（11月13日），周六，中午，我收到高三张萌（化名）同学妈妈的短信："姚校长，您好！我是张萌的妈妈，我想请求您一件事。张萌现在心里最大的结还是高一时江海（化名）同学给他带来的伤害。他的辱骂，和他大冬天把他锁在宿舍外面一整夜，给张萌的心灵带来极大伤害。我们一直想办法劝导，总以为时间会治愈一切，可是前天晚上看他那么激动地边哭边说想把他们怎样怎样，我真担心他会做出什么极端的事。趁现在还有挽回的余地，希望姚校长您能重视起来，帮帮孩子，看看有什么办法帮孩子解开这个心结。因为解铃还须系铃人，我们以及江海的父母应该都希望孩子们能健康、快乐地成长！恳求校长帮帮我们。感激不尽！"我回复："收到。我和班主任、年段长商量一下，看看有没有什么好办法。你们家长、张萌本人有什么具体想法也可以提出来，我们一起商量。但我想无论怎样自己得走出来，用别人的过错惩罚自己，何必呢！自己关在家里越想越生气，不是个办法。"她回："是的，自己关起来只会越想越糟。可孩子他没能认识到这一点，所以我们才想借助学校这一集体的力量帮帮他，让他感受到集体的温暖，化解心结。谢谢姚校长！可能我们大人认为是小事，但在青春期孩子的心里却是头等大事。我们也想尽一切办法希望他走出来，可他始终解不开这个心结。我们也很痛苦。"

我立即将这几条短信截图发给高三年段长。年段长下午回复我："校长，收到。昨天晚上他家长也给我打电话，说跟他同班同学王勇（化名）有矛盾，今天我找王勇本人，以及和张萌关系较好的一个同学了解，都说他俩在高二上学期有过一次口角，但没有弄得很僵，后来两人的关系挺正常。和张萌关系好的同学说张萌心高气傲，平时不愿意跟别人交流，目标定得很高，但是目前达不到，所以有一些挫败感，这跟我们想的基本一致。他在高二上学期回去过一段时间，我们劝他回来，他说初中时爷爷去世对他打击很大，至今还没能走出来，不想到学校。经反复做工作，他同意返校，结果他回来后一直要到竞赛室自习，我们批准过一段时间，但他自习的效果不好，我们便要求他回到教室上课。江海和张萌是高一的同学，品性不差，说话可能有些冲。他跟张萌有些矛盾我也知道,但是张萌被江海锁在门外,我之前没有听说过,我待会儿侧面了解一下这个事情的来龙去脉。至于国庆后他一直不回校,不管我们怎么问他都不说原因,可能有这方面的因素,但我觉得主要问题不在此。8日上午10点左右回来,他就不愿见任何人,一听到下课铃声就跑了。我们最后在监控中心找到他。后来所有人都把高考报名确认好了,他才去图书馆确认。本来想让他去您那边聊聊天,但他就是不去,说下午会打电话给您。"我回:"他自身肯定有问题。"

到当天晚上,年段长多次和我聊这个事。张萌国庆假后没有返校,我是看到他10月份月考缺考才了解到这件事。后来我给他母亲打电话了解到他的一些情况,之后又多次和他以及他父亲通话。他本来想休学,不想参加高考。我对他说,病休的话就得真有病,好好一个人,为何咒自己生病呢?从学籍管理的角度来说,病休现在是严控的,防止以休代留,办理休学手续必须有医院证明和用药记录。同时,高考已经报名,能否办理休学也是问题。而且,休学一年无法从根本上解决问题,这一年会更焦虑,社交上会出现更多障碍。后来,他仍然到专科医院咨询,医生明确告诉他没有问题,也拒绝给他开任何证明,而且告诉他,休学原因是要载入档案的,因心理问题而休学,对他未来高考选报专业、就业都会带来影响。这样,他才参加了高考报名。11月8日上午,他父亲陪他到学校进行高考报名的现场确认。头一天,年段长跟我说能不能找他聊一下。我说可以,但当天上午他还是没来。我给他父亲和年段长打了三次电话请他来,他也没来,而是说回家给我电话。傍晚,他给我打来电话,聊了15分钟,谈的主要问题就是他与江海和王勇的关系问题。我给他讲了很多道理,让他尽快回到学校,他答应会尽快回来。

张萌是通过自主招生考入附中的,应该说他的初中成绩是不错的,因为自主招生只招20人,竞争还是挺激烈的。但随后,他的中考成绩却并不出色,在平行班390人中排名第257。2019年,高一自主招生安排在中考前,说明他在拿到录取通知书后就没有认真对待中考。2019年10月,高一第一次月考,他的排名是平行班第85,11月的期中考是第75,12月的月考排第100;2020年1月份期末考试排第151,6月份月考排第239,期末考试排第

294。这说明疫情期间他在家没有认真学习。高二分班，他分到了 4 班，属于平行班理化生类的第二层次班级，而江海分在 3 班，属于平行班理化生类的第一层次班级。高二上学期 10 月份的第一次月考，他在班级排名第 31，同组排名第 108，"3+1"排名第 234，而江海的这三个项目名次分别是第 16、17、73。张萌在 11 月份的期中考试进步明显，这三个项目的名次分别为第 30、99、120，12 月的月考分别排第 35、107、206，期末考试分别排第 37、113、283。高二下学期期中考试，这三个项目名次分别是第 37、111、244，期末考试分别排第 34、108、172。进入高三后，第一次月考（8 月末），这三个项目分别是第 32、146、287，这是高二分班以来他的成绩排名最低的一次，而江海是第 34、69、85。之后，张萌就没有再参加考试。学习成绩和人际关系上的"疙瘩"让他选择了逃避。

　　不难看出，这三位同学的境况何其相似！由此可见，"伤心"的孩子何其多！

2021 年 11 月 15 日

别忘了，我们曾经都是害羞的孩子

几天前，在餐厅门口，一位小男生站在那里，扬着个粉脸，似乎在等着和我打招呼。我远远看着他，快步走过去，他喊"姚校长好"，我说："你好，叫什么名字？"他比背书还快："七1班游航。校长好！"我问："那个航？"他说："航行的'航'。"我说："名字好！我记住了。"之后每天会碰到他两三次，我真的是记住了他的名字。

校园里也有少数学生不喊人，见到老师装作没看见。这多半与不懂礼貌没有关系。一是胆小害羞，二是怕喊了人后得不到回应，很尴尬。碰到这种情况，我一般主动打招呼或目视、点头示意。我的经验是，只要他开了一次口，就不愁第二次。

10年前，我曾写过一篇文章《你好》（收录在拙著《教育无非服务》），记录了在附中校园里随处可见的师生问候的情景。文章开头是这样写的：

每当我往返在行政楼到食堂这一段路上，迎面而来的几乎所有的学生都要喊"校长好"或者"老师好"，我无一例外地回答"你好""同学们好"，几乎是一路喊过去然后一路喊回来，常常要连续招呼几十次。每天，在校园的任何一处，只要遇到学生，我都能接受到他们的问好，我也很客气地回以问好。我也有主动问好的时候，但总不及他们反应得快。粗略地估计，这样的问候，每天一定不止两三百次。每忆及这样的情景，心里感觉很温暖，分明感觉到身处这样的校园是一种幸福。我与老师们见面也每每如此，尤其是青年教师，他们总是远远地就问好。老师们对我说，课间穿梭在走廊里，问好声总是此起彼伏。我也有这样的体验，走过去一阵问好，走回来又是一阵问好。从餐厅的门口到售饭窗口，几十米远，正在吃饭的学生大多要抬头喊一声"老师好"，我只好"好，好，好"地一路招架过去。这样的情景，我在别处很少见到。我们常说学校要有特色，我以为这就是一种特色。

这真的是附中校园里的一景。不是说别的学校没有，而是附中校园里这样的情景尤其令人瞩目、令人难忘。

我非常珍惜这样的氛围，坚定地认为这就是校园文化的一种。我不仅积极倡导，还身体力行地全力推动。形成这样的氛围并非易事，保持下去需要一定的文化自觉。教师要做表率，要坚持倡导、努力践行。如果非得"矜持"，至少要保持积极回应。如果老师一再置学生的问候如罔闻，渐渐地学生就怯于问候，经久，师生则形同路人。我在小学二年级时，新来一位姓姜的数学老师。一次教室外意外相遇，我喊了声"姜老师"（就是打招呼，相当于"姜老师好"），不想数学老师应声："什么事？"什么事呢？没什么事。搞得我很不好意思。我想，他大约对学生没什么事还能问好有些不习惯。后来又有一次这样的对话，再往后我就躲他了。如果有一天，附中校园里学生不再如此热情地问候老师（或者工人、来宾、家长），问题一定出在老师身上，一定是老师傲慢、怠慢造成的。

我后来回想，喊出"姜老师"于我而言是下了很大决心的，而且一定是"遭遇战"，否则我不会和老师正面相遇，我一定会躲开的。我儿时是个非常害羞的孩子。因为长子长孙的缘故，我自小被家人"溺爱"，上小学前是被当成女孩养的，一直扎辫子的。用的洗脸毛巾，母亲一天要用棒槌捶洗三次，夏天一天换几回衣服，冬天早晨起床前母亲就将我穿的衣服放在火桶里烘暖……生来觉得这幸福本该如此。一切是被伺候好的，饭来张口，衣来伸手，不需要主动与人打招呼。本来就很文静，再被暗示为女孩，因此更文静，不泼辣。客人来了，每次问候都是大人逼出来的，而且一定是大红脸，乃至于粉脸上出汗，匆匆问候毕便立即逃之夭夭。上学后恢复为"男身"，加之在同龄人中属于个儿高的，在爷奶爸妈眼里算个男子汉了，便偶尔会被差使走亲戚，给到访的客人端茶送水，在家里请人吃饭时去催客。这些"交际"上的事，我一概不乐意做，总是紧张得不得了。总之，就是怕人、害羞。我相信，那个时候，大多数孩子和我一样，故见到师长往往是会逃避的，而主动打招呼需要很大的勇气。

我至今还记得我是带着对学校的恐惧去上学的。我的一位学长在我即将进入小学的时候，告诉我即将见到的黄校长是"牙齿里都长毛的恶魔"。那时我六岁，信以为真。开学前，这位黄校长和另一位詹老师到我家家访。我父亲让我问老师好，我躲在房间里死也不肯出来。最后出来问了一声"好"，头也不敢抬，又立即跑回房间。后来透过门缝反复观察，没有看到校长牙齿里长毛，但看上去校长确实很严肃，令我恐惧。过后，学长得知詹老师也来了，变了脸色对我说，詹老师牙齿里的毛比校长的还要长。可惜我忘了看。原来这位学长是因为自己非常调皮，挨过校长的罚，然后在回家的路上给校长葬了个坟，并与其他几位同学在那里故作号啕大哭状，恰被校长发现。他们四散而去，校长追到他，将他的书包撕掉了，于是他就给我编了个校长牙齿里长毛的故事。虽然不久后，我就知道这个故事是假的，但还是让我在刚进校门的时候便养成了在老师面前紧张的毛病，这在很大程度上影响了我的读书效率。有一个例子很能说明我在校长面前的紧张情状。那是我上小学三年级时的一次全校性活动，校长让我做司仪，活动程序用红纸写下后，贴在礼堂边的墙上，校长用毛笔写的。结果我紧张到一口气将写好的程序读到快结束，在校长的制止下我才停下来，闹了一个很大的笑话。四年级以后，我多次参加文艺演出、赛诗会、故事会，紧张的毛病才稍有改变。但直到今天，我仍然觉得，最初对学校和老师的恐惧影响了我的学习效率。这种影响有可能是终身的。

因为自己有这段经历，我做老师和父亲便有一个信条：不做让孩子"害怕"的人！我教书38年，很少有学生"怕"我。如果"怕"，大约还是对我不太了解。我对体罚幼儿的保姆、老师、家长深恶痛绝。有些面相冷峻、学生见之两股战栗的所谓严师，我深以为不适合做教师，至少不适合做低学段学生的教师。生活在恐惧中，不仅学习效率不高，还易产生心理和生理的疾病。所以，学校和老师应努力让孩子免于恐惧。害羞的孩子多半胆小，甚至"不识逗"，对老师的"狠话"往往信以为真，对老师的反应过敏。老师的无视、慢待、怠慢都会在孩子心里造成一时乃至终身抹不去的阴影。被老师体罚过的孩子，特别是那些内向、胆小、害羞的孩子，受到的伤害甚至是不可逆的。成年人中也有一定比例的人存在一定程度的社交恐惧，这大多与他们小时候受到伤害或者没能平稳度过社交障碍期有关。

其实，我们大多数人在年幼时或多或少有些害羞，或者大都有一个害羞的时段。当我们成年后，我们忘记了自己曾经也是一个害羞的孩子，以为自己天生就是个大大方方、有很强心理承受力的人。当然，也有些人是从小就不怕人的。中小学老师俗称"孩子王"，是和孩子打交道的，特别是小学老师，接触的是少年、儿童，学会蹲下身子、用儿童视角看问题非常重要，一张嘴、一举手、一投足都关系到孩子的健康成长，不能不万分用心。

2021 年 10 月 12 日

我来教你写作业

　　天气不好，学生没有出操。早晨 7:50，我从教学楼巡堂回行政楼途中到传达室拿报纸，进门看到一个大块头男生趴在冰柜上写作业。定睛一看，是七年级的江云逸（化名）。我认识他，因为他长了一双我不曾见过的超大耳垂。经询问，因他的语文作业未完成，班主任要求他回家完成。他正在等家长接回，等家长的这个空当他忙着补作业。

　　我问他有多少作业未做。他支支吾吾。我仔细翻看他的作业本，并反复询问，原来是其语文课本《皇帝的新装》的作业中"读读写写"部分未完成。作业共 22 个字词，就是抄写，量很小。他说，解词不会，家里没有词典，又不敢找家长要手机，所以没办法完成。这理由很充分。我一时也无法知道真实情况。假如真的是家里没词典，那么他回家还是完成不了。老师让他回家做作业，其实就是一种惩罚，一是让他自己良心上受到谴责，二是给家长找点小麻烦，让家长今后主动配合老师督促他学习。"喊家长"是一部分老师的"法宝"，实际是抡起"伦理大棒"敲打学生，是否有用也因人因时而异。我极不赞成老师动辄向家长告状或喊家长到校，这种做法没什么作用甚至有负面作用。我说："到校长室去做，我给你词典，教你做。"他说："要回家，而且家长马上到了。"我说："没关系，这点作业一会儿就做完了，没必要回家，家长来了我请门卫师傅对家长说你写好了，不回去了。"

　　在他犹豫之际，门外有人喊。他说家长来了。我随他一道到门外，见家长冒雨骑电动车过来，面有愠色。可能是生孩子的气，也可能是生老师的气，也许二者兼而有之。我冒雨走出门卫室，远远地对家长说："下雨，就别接回去了,我来教他,您请回,注意安全。"家长转身走了,没说一句话。

云逸随我离开了传达室。路上我问他"家长"是谁,因为我觉得从年龄上看不像是他爸,他说是爷爷;我问他家住哪里,他说住招商365小区;我问他是本地人吗,他说不是,是安徽铜陵人;我问他爸是做什么的,他说不知道;我问他出生在哪里,他说出生在安徽,小学过来的,在厦大附小读书,然后到附中。我说:"你们全家千里迢迢而来,背井离乡,你要好好读书。"他点头称是。

我估计,他家长在厦门打工,买不起厦门的房子,入不了厦门户口,孩子很难在厦门读书。漳州港与厦门岛一水之隔,路上再怎么折腾也就一个小时的车程,但漳州港房价不到岛内房价的五分之一,而教育资源和教育质量相对较好,到漳州港买房入户上学不失为上策。现在这类孩子是厦大附中初中部的主要生源,买房入户后就近到附中初中部上学的学生占到附中初中生的七成。附中初中部的对口小学是南滨学校、厦大附小、店地小学三所,但初一进来的学生,其小学来源有近300所,分布在全国20多个省(区、市)以及难以计数的县(市、区)。我称这些学生为"新留守儿童"。从户籍上看,他们和他们的家长都是漳州港人,孩子留在漳州港的家里,孩子家长在外地,所以孩子是"留守儿童",而问题是,那个"外地"恰恰是孩子真正的家,所以我称之为"新留守儿童"。有不在少数的孩子是独自住在漳州港这边的家里的,有的长期住在托管机构,还有的住在自己家里由隔代亲人陪护。真正和父母住在一起、朝夕相处的反而是少数。这给学校教育带来很多困难,既是难题,也是我们暂时无法回避,需要直面的课题。

到了办公室,我拉过椅子,让他坐在我的对面,我递给他一本《现代汉语词典》。看得出来,他查词典不是很熟练,一直在那里翻。我告诉他可按拼音顺序直接查。他似乎不清楚,有的字也许不会读,只能查部首。他用了10分钟完成了作业,抄了三行字词、三个解词。离开时我说:"我认识你这个'大耳垂',但忘了你长啥样了,口罩拿掉我看看吧。"他摘下口罩,就是那个"大耳垂"江云逸。他很有礼貌地告别,离开了办公室。

他离开后,我打开电脑里的成绩统计表,研究他的考试成绩。他刚上初一，才读三个月，我能看到的成绩只有入学考试和期中考试两次考试成绩。全年级 799 人，他入学调考排在第 782 名，语数英三科总分 48 分（290 分。括号内为满分，下同），其中语文 33 分（120 分）、数学 9 分（150 分）、英语 6 分（20 分）；期中考第 791 名，班级倒数第一，所有学科均不及格，语文 64 分（150 分）、数学 25 分（150 分）、英语 30 分（150 分）、生物 24 分（100 分）、政治 18 分（100 分）、历史 15 分（100 分）、地理 24 分（100 分）、体育 10 分（40 分），总分 210 分（890 分）。稍有点教育常识的人都知道，要让他的考试成绩取得翻天覆地的进步，在班级授课制下，只有神仙才能做到。

可以说，"云逸现象"是发生在今天绝大多数初中的真实现象，是最真实的教育现象。有一种观点认为，他们得不到老师的关注，被放弃了。其实，在每所学校、每个班级，"云逸们"是老师们耗时最多、最头痛的学生。解决"云逸现象"，我们没有可行的顶层设计，全是些大而空的东西。老师们碰到"云逸们"往往度日如年，学校碰到"云逸们"甚至要靠运气过日子。

学习暂时落后的学生本有很多可以赶上的机会，但教材、教辅、教学组织和组织者等，非但没有更多地创造这样的机会，还把原有的"机会"也剥夺了。而用母语教学的语文及其他文史类学科，对学习者的知识基础要求并不严苛，作为教师，我们愿意给学生机会吗？我觉得，教师一方面要给学生机会，另一方面要耐心等待。真正的智障者是少之又少的。然而，实际情况是，"云逸们"在未来三年里基本就是混日子。这是目前教育存在的最大问题之一。

2022 年 12 月 16 日

我看到了你的笑容后面有泪水

上周三（2023年5月17日），我给同事叶欣欣老师QQ留言："欣欣好！高三毕业照印好后先送我一套。"之前，毕业照一般是在高考结束后甚至到毕业典礼的时候才发到师生手里。最近几年我都较早要过来，放在办公室，有空就翻看，熟悉熟悉学生。我能认识很多学生，能叫出很多学生的名字，这两年因为学生戴口罩的缘故，能叫出名字的学生没有以前多，所以早一点拿到毕业照可以不时"复习"。欣欣回复："好的，估计要下周才能弄好。"我回："好的。"前天（周四，5月25日）上午，我又问欣欣："毕业照好了没有？"他说："六年制创新班的名单我催了好久才拿到，早晨把这个做好就凑齐了，下午给您行吗？"我说："好的。"

下午2点上班后，他将高三毕业合影送到我办公室。我随手一翻，看到第一张照片就发现不对，问题恰恰出在六年制创新班的合照上。初中时一共有两个六年制创新班，班里的学生不需要参加中考，直升高中。直到高二分科前，他们一直维持初一的编班。2019年实行新高考选科走班教学之前，除了他们中有少数同学选择文科班，原有两个班的学生仍然不变，直到高三毕业。所以这两个班在高二高三时的人数往往都不到35人。2019年秋季开学后，因为实行选科走班，尽管这两个班的学生绝大多数仍选择物理类，但选择理化生的学生也就50人左右，其他同学分散到各个班级。以前除分班合影外，这两个班的同学也要拍张大合影，选科走班后仍保留了这种做法。

欣欣老师拿来的一沓高三年级全部毕业照，六年制创新班的照片正好在上面，我拿起来扫了一眼，看到1班的陆益嘉同学在前排右二，便觉得不对。益嘉我很熟悉，但她不是六年制创新班的。她刚上高二的时候，《闽南日报》上发表了她高一时写的一篇文章《攀峰》，引起了我的注意。因为有这个印象，后来在校园里偶遇便认识了。2021年文化月活动期间，语文组开展了"读学长作品"书评大赛活动，她写的是《陪伴是最长情的告白——〈让教育稍稍有点诗意〉书评》，评的是拙著《让教育稍稍有点诗意》。虽是理科生，但她很爱阅读，也关注时政，所以选的是"理化政"组合。2022年2月俄乌冲突爆发后，3月13日中午，我在东门遇到她，她手里拿了一本《别惹我：普京新传》，我俩站在那里探讨了一会儿，我对她说："这个时候你看这本书，有自己的思考，我很高兴。"高二升高三时，他们班出了点情况，高三国庆节期间，她在家加了我的微信，表达了自己的担忧。后来这个问题得到了妥善处理。正因为非常熟悉，我立即想起来当时拍照的时候，她是应邀作为2班柯思婷同学的替身的。思婷我也很熟悉，拍照那天她生病未到。翻过照片一看，证实了我的猜测和记忆，背面的姓名写着"柯思婷"，说明"替身"没有处理好。

随后我给欣欣留言："六年制创新班合照，第二排右二柯思婷头像没换过来，还是陆益嘉。"欣欣立即将15日、16日、17日直至23日数次催促按序标注姓名及校对的留言截图给我，表明他已数次征求意见但均未收到相应的修改反馈，然后问我："现在不知道就按照冲洗的下发还是怎么操作？电子版的倒是可以改过来。"我问："一张多少钱？他们也太粗心了。我拿到手就看出来了，陆益嘉就不是六年制创新班的。""至少柯思婷本人的要重新洗印！"他回："学生每人交10元，老师的是不算钱的。""好的，我把电子版的重新处理好。"我回："我回头见到思婷问一下，她不介意就给她本人另洗一张正确的，如果介意就全部重洗，费用我来想办法。"因为要洗99张，要多花990元，我也有点舍不得，所以有点犹豫。不久，他将处理好的合影发给我看，我说："脸可以小点，思婷的脸没那么大。"他说他没见到真人，完全是凭感觉做的。再次修改后发给我看，我觉得可以了。夜里睡在床上翻来覆去，脑海里总是浮现思婷失望的眼神，第二天早晨到校后给欣欣QQ留言："还是全部重新洗印吧。原照片就别发了，别再扩散。"

我自己就没有高中毕业证和毕业照。当年高考期间我患急性黄疸型肝炎，稀里糊涂考完后高烧40度而匆匆离校就医。因为黄疸型肝炎是传染病，那段时间，为了不失去上学的机会，我输液最多的时候一天达2500毫升，还另加肌肉注射。幸运的是，我在之后的体检环节顺利过关。一个多月后，当我拿着大学录取通知书到学校取毕业证和毕业照时被告知"找不到了"，而为什么找不到了却没有人给我解释。这件事对我的影响很大，我因此悟出"让老师、让大人真正理解孩子"不是一件容易的事。其实，成人并不比儿童更顽强多少，只是彼时此时彼事此事而已。

学校里类似的错误并不少，很少有老师能站在学生的角度思考。很多老师往往归之为"小事"，让学生别"计较"。立即改正的很少，道歉更没可能。譬如我的毕业证和毕业照，我完全不能理解学校和老师会如此敷衍。我当年是班长，而且是那届文科应届生里考上本科的两个学生之一，用今天的话来说，无疑是学霸、好学生，居然都被老师无视。我觉得当时的相关人员完全是无所用心。

2022年文化月前、月考过后的一个晚自习前，我在敏行楼四楼见到高一10班的林欣然和另一个女孩在聊天。我从表情中能猜出她们在聊什么，但还是故意问她们说什么悄悄话，欣然说考试没考好。对于一群在初中时学业成绩出众的高一学生来说，在新的群体里继续出众是不太容易的，故"认识你自己，成为你自己"非常重要。我一边宽慰、开导她俩，一边对欣然说："我希望在赛场上能够看到你奔跑得更潇洒矫健的身影。"文化月即将开幕，校田径运动会即将举办，欣然很有运动天赋。她点头说："我如果在运动会上拿奖，您能再给我颁奖吗？"我说："一言为定！"之所以说"再给我颁奖"，是因为2021年的运动会我给她颁过奖。

2021年12月1日下午运动会开始前，我从行政楼到田径场主席台，路过九年级12班营地，欣然过来对我说："我要拿两块金牌，想请校长给我颁奖。"我说："一定，到时你喊我！"12月2日再次路遇，她对我说她昨天下午拿了100米、800米和4×100米接力三块金牌。我说怎么没喊我。她说等在闭幕式上让我给她颁奖。原来，拿两块金牌或者破纪录就可以被评为优秀运动员。我对她说："明天我一定给你颁奖。"旁边的佳怡同学说："我也要，我破了 100 米记录。"我竖起大拇指说："一定。"到了主席台，我对裁判长跃元老师说："明天我给优秀运动员颁奖。"2021 年 12 月 2 日上午闭幕式上，按常规，校长是给先进班集体颁奖的，这是最高奖。那天，我没有颁发最高奖，而是颁发优秀运动员奖。

　　一年后的同一日，2022 年 12 月 2 日，早晨在操场上，她远远地跑过来对我说："校长，我拿了 100 米、800 米两块金牌，4×100 米接力还破了记录，您能给我颁奖吗？"我还是说："一言为定！"上午闭幕式上给优秀运动员颁奖时，我扫了一眼没看到欣然，便问身旁的怡轩和佳怡："欣然在哪里？"她俩说："裁判长没念到欣然的名字，欣然正在流泪呢。"我说："怎么可能没有欣然？"同时很快找到了她的奖状，原来是裁判长将欣然的名字漏读了。我对身边的志愿者说，赶快将欣然喊来，我等着她。一会儿欣然就被喊过来了，我对她说："你约我来颁奖，你自己不来！"她破涕为笑。那天的颁奖合影上，我能看到欣然灿烂的笑容后面有过泪水。颁奖结束后，欣然问："校长，明年您能再给我颁奖吗？"我愣了一下说："当然！"她很开心地跑开了。之所以愣了一下，是因为 2023 年我要退休了。

2023 年 5 月 27 日

培江上北大

2023年6月25日上午8:58，北京大学招生组的欧阳晓玲老师给我发来一张照片，并留言："姚校长好！培江选了北大化学。非常有想法的孩子，是咱们厦大附中的学生。"照片是穿着"北京大学"字样的红色T恤衫的黄培江同学和妈妈与北大招生组师生的合影。培江是第36届中国化学奥林匹克银牌得主，高考取得691分、全省排名第66的优异成绩，北京大学化学系自然是最佳去处，他算是如愿以偿。这样的成绩和这样的录取结果令很多知情人觉得不可思议，但在我看来却是预料之中的。在一次意外事件发生之后不久，我从培江的表情中看到了答案；在等待高考成绩揭晓的这些天里，每当脑海中浮现高考期间培江的神态，我就预感会有奇迹出现。

6月6日，高考前一天，我在食堂用完早餐后到教学楼巡堂。前一天的5日下午，高中部教学楼已布置成高考考场，周边已放置隔离栅栏或拉上警戒线，全校学生除高三外全部离校放假，高三学生已于5日晚全部转移至初中部教学楼备考。上午7:01，当我走在图书馆到知行广场的台阶中部平台时，随着一阵"噔噔"声，突然传来"咣当"一声，接着又是"扑通"一声，我分明感到一股气浪，又或是台阶的震动，一位高大的男生摔倒在我脚边。我一看是培江。"咣当"声是他手里的伞摔在地上的声音，"扑通"声是培江摔倒在地的声音。后来我判断，伞拿在手里是他受伤的主要原因。我立即伸手扶他，他迅速站起来，还不忘喊"校长好"，我不假思索："有问题吗？"他说："有问题！"我心里"咯噔"一下，我知道一定是有问题了。培江左手托着右手腕，表情凝重但并不慌张，我让他动动手指，他的手指还能自如活动，但手腕处能看到骨头突出，我问他疼吗，他说不怎么疼，有点麻。那一刻我已猜到一定是骨折了。

一时间我也束手无策。我一边安慰培江，一边劝离路过的学生。我断定这个问题校医解决不了，非进医院不可。7:04，我给高三年段长汪六一老师拨打了第一个电话，他未接听。7:05，我拨打了0596120，这是漳州市区的120，扯了两句不相干的话，我突然觉得应该是6895120。7:07，我拨打了6895120，接电话的是开发区第一医院急诊科，他们回复马上过来。我印象中，在这之前我从未拨打过120、110、119之类的电话，所以"业务"还不太熟练。7:12，1355966120这个电话打过来，虽然是陌生电话，但我猜想一定是120的工作人员，果然。他们对附中很熟悉，因为经常来，但由于校园比较大，他们不知道车子从哪个门进、开到什么地方，我一一详细告知。7:13，我给六一老师打了第二个电话，他仍未接听。7:14，我在学校"平安校园"群里留言，"黄培江摔倒在图书馆前面台阶上""手腕骨折，而且是右手"，接着又给廖校长拨打电话，告诉他培江摔倒了，问题比较严重，要送医院，我已打120。这时，高三5班班主任廖瑞钦老师正好路过，我让他帮我喊一下校医，然后到东门等120救护车，带他们过来。7:15，六一老师的电话打过来，他得知情况后也立即赶到现场。

由于那一处没有树荫，晨曦高照，闷热难耐，加之学生络绎不绝，我看到培江脸上大汗淋漓，还要回答路过同学的关切，我问培江能不能走几步，培江镇静地表示没问题。我说："我们到上面阴凉处等120救护车过来。"由于考场封闭，120救护车不方便到达知行广场，直接开到图书馆更便捷。然后我轻扶着他走到图书馆中庭台阶阴凉处等候。校医很快也过来了，看了一眼说"断了"，然后做简单处理。我在心中很是责怪校医多言，便对培江说："别担心，问题不大，马上到医院。"培江镇定地回答："没问题！"这时廖校长等几位老师也赶过来了。瑞钦老师不知道我们已转移至图书馆，所以他带120救护车走到了艺术馆，那里离这里比较远，我又让他带救护车到图书馆。7:26，救护车载着培江离开了学校，廖校长和汪老师跟车。救护车在我视线里消失的那一刻，一个念头莫名其妙地出现在我的脑海里：培江是不是为了追上我,才会"失足"摔倒?一时间不知答案,但心里五味杂陈。

7:43,钟主任在群里留言:"廖校长、汪六一、潘四梅、李秀礼已到医院急诊室。等拍片出来看一下。目前学生情绪稳定。"7:53,廖校长将X光片拍照发给我,留言"比较麻烦",我回:"我当时就看出来了。稳定好他的情绪,看看有没有应急的办法。没办法也只好认。"汪老师也发信息:"明显骨折了。"医生诊断的专业术语是手的桡骨骨折。8:08,汪老师发来培江手臂缠着纱布的照片,留言:"石膏打得长,写字有些困难。现在到909医院看能不能把石膏打短些。"随后,钟主任和班主任李秀礼老师跟随120救护车将培江送到了解放军联勤保障部队第909医院。

在高考考务培训会场外,我对总务处刘炀宾主任说:"要给培江收拾一间房间,要下铺,就用老师值班室,让他家长过来陪他,否则洗澡什么的都不方便。"炀宾立即做了安排。10:51,汪老师发信息给我:"听钟主任说,重新包扎了一下,应该比这边好很多。现在已经返回,估计一个多小时就回来了。"我回:"看看情况,可能要让他家人来陪住。"汪老师回:"刘主任已安排宿舍。谢谢校长!"炀宾后来告诉我:"培江和他家长被安排在6106宿舍。"11:46,钟主任在群里告知我:"已下高速,快到学校了。"

晚餐时,我在餐厅遇到培江和他妈妈一起用餐,说了几句安慰和鼓励的话。看到培江的平静并非装出来的,我心里有了几分放心,但对第二天上午的语文考试还有些担心,毕竟书写量很大。晚自习巡堂,我路过他们班级,透过窗户,彼此相视一笑。晚上8:15,我给炀宾主任留言:"免费餐券也给培江妈妈一份。"炀宾回复:"汪老师刚才去宿舍区巡查时已给培江妈妈。"后来知道,这之前,汪老师和学校工会主席、培江的化学任课老师潘四梅老师到宿舍去看过培江妈妈。晚上9:01,我给汪老师留言:"明天早晨进考场前我会在安检门内迎他们。"

第二天上午语文考前早读,我们再次隔窗神会。进考场前,我等在安检门处,看着培江抬着打着石膏、缠着纱布,不时还要高高举起的右手,泰然自若地走过安检门,自如穿梭在人群中,我宽心很多。考试期间我隔一会儿就要看看他所在考场的监控,他恍若无事地奋笔疾书,但我能感受到他所受的困扰。考试过半，他果然还是疼痛难忍，我们只得请校医送去止疼药。他走出考场后，我竖起大拇指问他："能坚持吗？"他说："能！"从第二场考试开始，培江就再也没有求助过。那几天，隔窗神会、见面问候、考场迎送的流程一再反复，直到 9 日晚，我依然冒着滂沱大雨追到篮球馆，看到正在那里和同学一起排练第二天上午毕业典礼表彰的走台、表情轻松的培江，我才真正放下心来。

那几天，校园里、考场内外最引人注目的就是那只高高举起的手。培江是大个子，举起的手更"出众"，虽混在人群中，但别人抬眼就能看到。抬手、举手大约可以减少血流量以缓解疼痛，手高高举起也可以稍微省力，他还时不时伸出食指。有场考试前，我当着众多候场的考生对培江开玩笑："你这个手势仿佛在说'老子天下第一'。"培江害羞地笑了，在场的同学也都开心地笑了。9 日晚上，我破天荒地在晚上 11:02 发了一条朋友圈：

感谢培江在附中最后的几天抒写了一个动人的故事。"校长手记"一定会将之记录下来。

高考三天，厦大附中考点、附中校园里这只高举的手最引人注目。6 日早晨，7:05，培江在匆匆赶往教室的途中不慎踏空台阶，摔倒在地，因手里拿着伞，匆忙中手腕着地，导致手腕骨折。他以顽强的毅力、乐观的心态，用这只手腕刚刚骨折的手出色地完成了高考。培江是化学奥赛银牌得主，成绩优异，相信他在高考中一定能取得优异成绩。我对培江开玩笑地说："你这个手势仿佛在说'老子天下第一'。"同学们都笑了。

6 月 24 日午后高考成绩揭晓。下午 2:05，汪老师发来信息："黄培江 691，66。"培江高考成绩 691 分，排在全省第 66 名，年段物理方向第 1 名，果然"老子附中第一"。在我能查看到的高中三年 30 次的考试中，培江只在高一下学期期中考试中获得过一次年段第一，高三下学期 5 月模拟考排名第 3，最后一次热身考甚至排到第 35 名。

不记得是哪一天的哪个时候，我对培江说："我平生第一次打 120 是为你打的。"他脱口而出："我也是第一次坐 120 救护车。"我也脱口而出："废话，120 救护车还能经常坐？"我俩都开心地笑了。我对他说："我会收集一些照片和视频，过些时候送给你做纪念。祝愿你从此一生平安！"他说："谢谢校长！"

6 月 26 日下午，北京大学招生组的欧阳晓玲老师带领招生组学生志愿者和已经被北大录取的培江和同样被北大录取的培江的同学绎豪等一行九人来到附中，我校 2019 届毕业生、当年的市理科高考状元、北京大学光华管理学院应届毕业生、即将赴香港大学深造的林宇菁校友也在其中。座谈会上，我将存储有培江于高考期间在考场外活动的 15 个视频文件的优盘送给他，并表达了母校和老师对他的美好祝愿。

当晚，9:27，我发了一条朋友圈：

下午，培江随北大招生组师生回校，座谈会上我送给他一个优盘，里面一共有 15 个视频文件，全部是培江受伤后参加高考时在考场外行走的画面。有一个文件是编辑好的 6 分钟视频，有代表性地记录了培江带伤参加高考的全过程，我们一起观看了这段视频。分别时，我和三位北大的附中校友（宇菁、培江、绎豪）合影留念。

有校友问我，培江学弟这个冲天指是否在致敬柏拉图，我不置可否。今天见面忘记问了，但我想，用如此代价致敬，柏拉图一定不会接受。

后来培江告诉我："正如那位学长所说，食指指天确实有致敬柏拉图的意思。最近我也在看《理想国》。"这大出我的预料。而一位理科生攻读柏拉图的《理想国》又让我欣喜万分。我藏有几个版本的《理想国》，熟读《理想国》，它现在仍是我一年四季的案头书，而且我的博客名、微信名全是"理想国"。我是一位胸怀理想穿行于现实中的教育人。《理想国》不是谈理想的，但理想真的很重要。

这是属于我的"培江上北大"的故事，但只是"培江故事"的一个侧面。过程中培江和培江的家人经历了怎样的心路历程只有他们自己最清楚，而我的许多同事以及众多同学也必然有他们自己版本的"培江故事"。本文只能算是引玉之砖。真诚期待更多版本的"培江故事"。

  这个故事是我的"贴近学生做教育,贴近学生办学校,贴近学生做校长"的治校理念的又一个例证。

2023 年 7 月 1 日

你是好孩子！

昨天傍晚 6:40，我在食堂用完晚餐后直接去了教学楼巡堂，晚上 7 点多离开教学楼回行政楼，习惯性地到南门传达室拿报纸。到达南门小广场时，感觉有一种塑料瓶子压扁的"咯吱"声从全校教学运动区公共场所唯一的垃圾筒处传来。定睛一看，似乎有一个穿着白色校服的人在那里躬身做着什么。我远远地站在传达室门口看着。随后那人走过来，是个男生，手里拿着一袋垃圾，准备穿过传达室回家，被我叫住了。我问："这干吗？"他说："本想去扔个水瓶，结果反而将里面的垃圾弄出来了，我给收拾好拿走。"我猜测他的意思是准备将这一袋垃圾带到马路上或他们家小区的垃圾筒。因为学校公共场所没有垃圾筒，他没地方扔。瞬间我眼眶有些湿润。我说："不用，行政楼一楼洗手间有临时垃圾筒。进门向右。"我用手指了指，他便向行政楼走过去。

我拿好报纸回行政楼，在一楼门厅对放好垃圾出来的他竖了个大拇指："你真是好孩子！"他说："不是。"他大约认为自己不是成绩好的孩子。我说："你就是！"他说："是我把垃圾弄出来了，我应该拿走。"我说："那就是放垃圾的地方，你完全可以置之不理，但你很负责，你就是好孩子！"他有些手足无措。晚上那地方光线很暗，即便他随手扔在那里也没人知道。他这么做甚至让我有点意外。我问他叫什么名字，他说："九年级 4 班王浩（化名）。""怎么这么晚才回家？"我问。他说自己家在对面小区，先做会儿作业，在学校食堂吃好饭。我又说了一遍"好孩子"，他说："谢谢校长！"然后告别。回办公室我查了一下上学期期末他的考试成绩，他们班有 49 人，他排在第 14 名,成绩挺不错的。

然后我发了条微信朋友圈。开头一段是:"如果你真正生活在校园里,你就一定会被很多细节感动。"结尾是:"孩子是恒星,天然闪光,只是我们熟视无睹。"中间就是叙述这件事。

附中开办之初即实行"零垃圾校园"文化建设。"零垃圾"并非没有一点垃圾,而是我们在垃圾处理方面的一种理念。核心意思是:倡导绿色生活。减少垃圾,杜绝浪费!垃圾自己处理。追求"零垃圾"的校园生活。一个突出的做法是,公共场所不设垃圾筒,垃圾投放定时定点。我们将这几句话做成一块牌子立在南门口,既提醒每日过往的师生,也提醒来宾,但主要是给各类检查"大员"看的,因为放置垃圾筒是文明的标志。文明单位"不文明"是有缘故的。我觉得不要看有无垃圾筒,关键看有无垃圾!

有人把垃圾筒也归为校园文化。出发点是垃圾筒可以帮助人们解决随手扔垃圾的困难,可以教育人们爱护环境、保护环境。然而我观察到,往往垃圾筒越多,环境卫生越糟糕。一是学生不好好扔垃圾;二是垃圾清理不及时;三是垃圾筒遍地,本身就构成视觉污染。我在原来的单位供职时,经常提醒学生"好好扔垃圾",提醒保洁员"及时清运垃圾"。校园里还建了个大垃圾池,四季臭气熏天。所以,附中开办之初我就坚决不放垃圾筒。长期坚持,大家基本能做到尽可能减少垃圾,有了垃圾及时收集并装袋后送到集中的垃圾房存放。我到班级听课,偶尔会看到学生课桌边上挂着个小袋子,里面有几张废纸或食品包装袋。新生入学后不用多长时间就养成习惯了。

我们需要通过制度来保障文化的形成,但这其中起主要作用的不是墙上的规章,而是心中的规章。"人"在其中起到极为重要的作用。而在起始阶段,尤其需要老师的理解、支持和推动。随手关灯、节约用水、出教室关门窗,这些好习惯都不会自然形成,需要长期地规范才能形成文化。当我们拆除制度的"支架",这种习惯还能年复一年地存在,文化就形成了。学生在建设"无垃圾"校园方面的素养可能是我们学校的一个特色。

朋友圈文字刚发出去,我的脑海里立即冒出一个念头:会不会这孩子家庭困难,捡几个纯净水瓶子回家卖钱?要是这样,我这不是强行断了人家的财路吗？可好像里面还有废纸什么的。

实在不放心，我就给他的班主任邵子艳老师 QQ 留言了解情况，邵老师没有立即回我。之后这个念头一直挥之不去，觉得不了解清楚晚上肯定睡不好。晚上 10 点多我又给班主任发短信，让她看一下我的 QQ 留言，但她依然没有回复。我估计是被孩子缠的，又觉得可能只习惯看微信，而我没有她的微信，于是给年段长 QQ 留言。过了一会儿，班主任给我回复了，果然是照顾孩子没看手机。从班主任那里我了解到，王浩家虽不富裕，但也不会拾荒。能买房入户上附中一定不必拾荒。班主任还给我介绍了一些情况，其中说到王浩现在面临的一些困难，主要是同学关系方面。我决定送他一本书，以表达对他昨天傍晚行为的赞赏，要帮帮他，要当着他们班同学的面说他是好孩子。

今天早自习前我就到了他们班，我先让他自己叙说了昨天傍晚的事，他叙述到最后还说"这是小事"。我接着他的话说："这个事对王浩同学来说可能是小事，但对校长来说是大事。你就是个好孩子！"然后我阐述了理由。分数重要，但一定不是最重要的。我讲了哪些是最重要的，还有为什么分数也是重要的。我说我心中一直有个"痛"，这就是附中的初中毕业生半数以上上不了附中的高中，尽管我们的中考成绩在全市 170 多所中学中名列前茅。我们如何直面这个现实？我说了一些道理。因为知道他遇到了一点困难，所以我特别强调团结互助。我说，有一种幸福是帮助别人，当然，还有一种幸福是被别人帮助。最后我将拙著《让教育更加尊重生命》郑重送给王浩，扉页上题写："考上附中！"我对全班同学说："这句话也送给你们全班同学！"说实话，王浩要考上附中还得再进步才行，而全班同学考上附中是不可能的事。

都说校长要做大事，我做了 25 年校长，我想说，如果我们将校长的架子放下来，还有什么大事！

2021 年 3 月 4 日

奔跑的男孩

2020年4月20日，初三复学后，我在早晨上班的时候，经常看到一个穿着附中校服、背着不太大的背包的男生，在南滨大道的慢车道或人行道上，向附中方向奔跑。一般我总是在厦门大学嘉庚学院的北门到南门之间遇见他。刚开始我以为他是赶公交车，后因在不同路段都遇见同一姿势的他，便断定他是跑步上学。因为我们都比较准时，几乎没有在北门以北碰到过，所以我以为他家住北门附近。虽然离学校也不近，但这段距离到底不算太远，3公里多一点，遂觉跑跑也无妨。看他日复一日地奔跑，我便觉得有如此毅力的孩子学习成绩一定也不错。一个励志典型在我脑海里诞生了。

这个时候，我隐约感觉上学期似乎也遇到过他跑步，但印象并不深刻。因为我上班比较早，不是每天能碰到。有好几次我都想减慢车速，将车子靠过去问问他是哪个班的，但快车道上总不免有车跟在后面，安全起见终未能如愿。直到6月中旬的一天早晨，过了嘉庚南门看到他，我便决定等会儿先到附中南门截住他。我从附中东门进校后，匆匆将车子停到艺术馆地下车库，估摸着时间还够，便一路小跑到办公室，放下包、戴好校徽，然后快步走到南门。我在南门足足等了10分钟也没见到他。原来他已先我进了校园。他看上去跑得不快，但因为不停步，其实也不慢。进了校园我就不一定能找到他了。

早自习巡堂回办公室后我在群里询问，有同事回复说这位同学是初三7班的洪迈（化名），家住厦漳大桥桥头，每天跑步到学校。这很让我吃一惊，因为他家到学校足有15公里以上。每天跑如何吃得消？同事又补了一句：":虽然他基本上学不会，但三年来没有旷过课，上课基本不睡觉，也不闹事。"那一刻我有一丝失望，他好像不是我心中的励志典型，"人设"崩了。我在群里回了一句："倒也挺有毅力的。"我查看了他最近的一次考试成绩，基本垫底，数学只有 4 分。第二天早晨，我到教室找他聊，方知他家住花园城，离校应该有八九公里，他全程跑过来。从去年暑假以来一直这样。我问："为什么？"他说："想拼一把。"我问："拼什么呢？"他说："看能不能上体校。"我问他参加校运会了没有。他回答没有。校运会都没能参加，我便有些怀疑他的身体素质和运动天赋，但还是狠狠地鼓励了他一番。还嘱咐他备件上衣，到校后在洗手间换一下；要根据身体、天气状况确定是否要跑步，安全第一。他都一一答应。

回办公室的路上我的心情很沮丧：对这样的同学我们给了他什么帮助？那天，我一整天都在心里问：谁能告诉我，为什么他有毅力每天跑步上学，却不能改变他的数学成绩只有 4 分的局面？

从那以后，我就特别关注他，有机会就找他聊聊。天气炎热，5 月中旬以来最高气温大多在 35 度以上，每天他跑到学校时衣服都湿透了，但就那样在教室里坐一天。身上汗味儿很重，同学也不愿意走近，故他常独来独往。我真的是语重心长地告诉他，一定要带一套干衣服来换，哪怕只带件上衣。我说："天天穿湿衣服会伤害身体，你现在不觉得，等将来发现问题就迟了。跑步是为了健身，可因为穿湿衣服损害了身体，你跑步又有何意义？"他点头答应，不会多话，但照样不带衣服。

后来了解到，他父母从广东来漳州港打工，家庭条件不算太差。他从小在漳州港的幼儿园、小学直到附中读书，凭现在的成绩上不了任何一所普通高中。他想回广东上体校，据说父母也在为此想办法。他有个妹妹，三岁时得了白血病，六岁做了骨髓移植，三年后发生排异反应，去年 9 月 1 日病逝，不到十岁。家里也因此经济拮据，但还算过得去。得知这个情况后，我说了很多宽慰的话，他看上去情绪还好。但我想，他懂事后，家长的精力几乎都在挣钱和给妹妹治病上，他成长的环境一定不会太好。

一天傍晚，6 点，我在操场跑步，发现他也在跑，这是我第一次看到他傍晚在操场跑步。我几乎是天天这个时候跑步，之前并没发现过。我问他早晨不是跑过了吗,他说是;我问他怎么现在还跑,他说再跑一会儿;我问他等会儿怎么回去,他说跑回去。我脱口而出"跑太多了,没必要再跑了",他还是说想拼一下。又一天傍晚,7:35,我开车回家,在医院路口调头的时候看到他从我身边的慢车道向他家的方向跑过去,我没有办法和他打招呼。他这么晚才回去,那一段那一侧没有路灯,而且他在慢车道上逆行,不时有电动车疾驰而过,非常危险。太太说:"不如我们追上去送他回家?"我说:"到前面调头回来追不上他,而且在马路的两边,不方便。"回到家我立即给他班主任陈老师发了条短信:"陈老师好!我刚才下班开车回家,7:35在医院看到洪迈跑回家。我因开车没法拦住他。太晚了,而且他在慢车道逆行,很危险。运动量太大也不好。"陈老师回复:"谢谢校长提醒,我会跟他和家长再好好沟通一下。"因为我很少在晚上8点前回家,所以这是第一次发现他晚上跑回去。

之后有天早晨,我在嘉庚学院中门遇到他,因为门口开阔,我便将车子靠过去,喊他上车,他没有拒绝,坐到后排座位上。他浑身湿透,汗水打湿了座椅。进了学校东门,我问他吃早饭没有,又问他每天什么时间吃饭,他"唔唔啊啊"说不清,我让太太带他到食堂吃饭,他也没有拒绝。太太带着他去食堂,我停好车后到教学楼巡堂,然后也到食堂吃早餐。路遇太太,她说给他买好饭带教室去吃了,我说会不会他早晨不吃早餐,太太说也有可能。我说了解一下,不行给他卡上充500元钱,太太说"好"。用好早餐后,我又返回教学楼找到他,很严肃地问他早晨有没有吃饭,他说吃了,我问吃了什么,他说吃了麦片,我说光吃麦片怎么行,他说还吃了别的。我说:"早晨不吃饭你跑步有什么用?"他点头。其实我是一头雾水,吃饱饭怎么跑步,但不吃饭怎么能跑步又怎么能熬过一上午。我的疑惑源自太太带他去吃饭他就去了。我又问他中午怎么吃饭,他说在食堂吃饭,我问一般吃多少钱的,他说十元钱左右。我说不许撒谎,他说是真的。我又问一周家长给多少钱,他说100元。因为只在学校用午餐,100元不算少。我顺便从他班主任处要来他家长的电话,打算跟他家长聊聊。

回到办公室,我给食堂经理发了条信息,让他将洪迈4月20日复学后在食堂用餐的全部记录打印给我。中午我在食堂吃饭的时候拿到这份流水单,回到办公室仔细研究,发现大多时候是 10 元多一些,最多的有 22 元,或许有同学借用了他的卡;也有两三天没有记录,大约是他用了别人的卡。后来我问他怎么回事,他也是"唔唔啊啊"没说清,我也怀疑他偶尔没吃午饭。我想送他两件短袖校服,一问德育处暂时没货。太太随即网购了两件短袖 T 恤,一灰一白。灰色的 T 恤第二天到货,白色的拖了几天。正好高考放假,他不到校,我请和他同住一个小区的张老师带过去了。我让他假期后早晨穿这两件跑步,到校后再换回校服。前天早晨我在路上看到他穿了那件灰色短袖 T 恤,昨天早晨穿了那件白色短袖 T 恤。今天早晨没遇到,傍晚我在操场跑步时再次遇到他。

几天前,我给洪迈的母亲打了电话,表扬了洪迈,但也让他们注意洪迈的身体,她表示感谢。后来她给我发短信:"谢谢您送我儿子衣服。"我说:"不值什么钱,一点心意。"她说:"我儿子一心想考体校。"我说:"有理想就好。人生路有无数条。"她还说了女儿的情况,我说:"听说了。不要难过,你们尽力了。"她说:"我也想过我儿子来回跑步上学不安全,但他不听。他说他要为这个家争光。听起来挺懂事的。校长,十分感谢您!"我说:"就尊重他吧。不客气!"我又提道:"湿衣服一定要及时换,不能穿一天,对身体不好。现在看不出问题,等有问题就迟了。另外,早晨要吃饭!"她回:"好的。谢谢!"

在 6 月 20 日前后的市质检中,他数学考了 8 分,比上次多了 4 分。巧合的是,在初一入校的分班检测中,他数学也是 8 分。分班检测中他的总成绩是 43 分,排名全年级第 502,其中语文 35 分。这次市质检他排名第 489。在我能看到的整个初中三年的 15 次考试中,他的名次一直在 483～506 名,大多在 500 名后。我问他的体育老师跃元:"洪迈的运动天赋如何?"他说:"一般吧,不过挺努力的,很执着。他要考广东的学校。体能没问题,但他要考篮球,技术方面不好。"怎么又要考篮球呢?可没见他打篮球呀。

但愿他"拼一下"能实现自己的理想吧!我脑海里浮现那个不停奔跑的阿甘。

2020 年 7 月 11 日

补记

2020年8月6日，中考成绩揭晓，洪迈总分308分，年段第499名，数学15分。他只能上职业高中。8月29日下午，看到有初三毕业生到教务处领取毕业证，我又想起洪迈，便给班主任陈老师发了短信："陈老师好！洪迈会上什么学校？"陈老师回复："校长好！他上漳州交通职业技校汽修专业。"这是我曾经给他的建议，不知他是不是受这个建议的影响。以我的经验，他上体校为时已晚，不如学门技术。下午5点多，他们母子在陈老师的带领下来到我办公室，说是要当面感谢。因为办公室有客人，我只在门口嘱咐了洪迈几句，顺便送给他一件哈工大百年校庆文化衫，告诉他哈工大是最好的工科大学，让他穿着这件文化衫好好学习技术。哈工大百年校庆时邀请我录个祝贺视频，他们送我的几件文化衫，我全送人了，给洪迈的是一件185码的。

一封公开的道歉信

那是 2021 年 11 月 19 日，7 点不到，我早饭后走出餐厅，信首侧望，看到一张似乎是新贴的写满一页字的纸。走近仔细一看，这张纸的抬头赫然写着"一封公开的道歉信——一个九年级的受良心谴责的人"。全文如下：

穿黑色回力鞋的食堂阿姨，对不起！我发自内心地忏悔和不安！有人说我写信贴在如此显眼的地方不好，可是我不写，我会自责和不安很久。我真的错了！

11 月 18 日晚上，我和四名同班同学在二楼吃饭，您走了过来，叫我们吃快点，高中的同学晚上要来学习，您要擦干净桌子。我意气用事，用挑衅的口气回应了几句，如"凭什么初三不可以吃了"之类的，然后我说了一句让我将后悔无数个晚上的话：

"扫你的地去吧！"

一瞬间，安静了，您沉默地走了。同学一下子跳起来，围住我大喊"不至于""不至于"。嬉闹过后，不见阿姨的人了。

在离开后，我又想起了我的出言不逊，突然一阵心酸涌上了心头，我感觉我错了。我想如果我是您，过了半生后，在食堂工作，被一个孩子用如此口气说话，会怎么想。我感觉心酸了，眼睛也酸了。我真的后悔了，我的良心在鞭打我，我忏悔了。

我承认我错了，我对不起您也对不起自己。我不知道您是怎么看待我的，可是我不道歉，我无法正视自己。如果众人看到了这封信，请原谅我吧；

如果阿姨您看了，请原谅我吧！我的良心用尽了一切方法折磨我。每当我想起这件事，如果我不道歉，我的良心在天地间将无处安放。如果有机会，阿姨您看到了这封信，不管您愿意原谅与否，我都想保证，我会尊重每一个人。那个晚上说的话是我年少轻狂，我受到了自己的谴责，它将深深刻在我的心上，希望您可以原谅我的无知和放肆。

我对不起自己，也对不起您，更对不起附中。我不想让这个事情埋葬，我想忏悔！

（我近视，只看到了您的鞋子。如果有好心人知道阿姨是谁，请转告她信的位置或我的歉意，本人万分感谢！）

我逐字逐句看完全文，完全被感动到了。随即拿起手机拍照发给食堂经理并留言："转发给这位员工，让她原谅这个孩子！他能自我良心发现，应该受到表扬。也代我对这位员工表达歉意！对她的宽容和冷静处理致以敬意！"经理回复："谢谢校长，我会转达您的指示。"我回复："这孩子连夜写这么长的信一定是良心受到了谴责。"经理回复："我们的同学都是很善良的，孩子总是会有孩子气的，希望他不要有思想包袱。"我回复："相互宽容和理解最好！相信他会记住一辈子的。道歉信还贴在那里，回头揭下来给我。"接着我又将道歉信的图片和我与经理聊天的截图发到了学校办公群，并留言："刚才在食堂门口看到这封公开的道歉信。看看是哪位同学，要安慰、表扬他。"教务处钟主任留言道："这位同学是真情流露，在这件事上学会了反思，也让很多同学受到教育。"上午9点钟，办公室艺伟主任通过QQ告诉我写信的是九年级谢同学。

得知这封公开的道歉信是谢同学写的之后，我立即到教学楼找到他，当面表扬和鼓励了他，肯定了他自我觉醒的能力和严于自我批评的精神，指出有这种能力和精神就不愁搞不好学习。他只是笑笑，没有更多的话。因为早就认识他，每当路遇都要寒暄几句，偶尔也会有准备地找他聊聊，但他答话的时候不多，基本就是低眉听着，偶尔"嗯啊"式应答，没有完整的句子。

我不清楚是什么样的力量促使一位连写一篇作文都要敷衍了事的初中男

生主动写下这封带标题的《一封公开的道歉信——一个九年级的受良心谴责的人》,而且篇幅不短,文笔也还不错,但我觉得至少与附中后勤员工(包括食堂、物业员工)的服务意识、服务水平一向口碑很好有关。后勤员工们的真诚与爱心唤醒了这些"淘孩子""皮孩子"沉睡的良知。"教育无非服务"是我们重要的教育理念,我们始终奉行培育一流的教育服务品质,用合适的教育办学生喜欢的学校。我们努力践行"干部服务群众,行政服务教学,全校服务课堂,全员服务学生"的服务理念,将学生放在学校的中央、放在教育的中央,并努力使之健康成长。这样的理念也得到了后勤员工的认同,并在工作中努力践行,谱写了很多动人的故事。

不久前,我在微信里看到高三毕业生林同学发在朋友圈的内容,其中一张照片是她离校时与西门保安师傅的合影,标注的文字是:"保安室的伯伯——'回家吃饭?''吃饱了吗?''考上北大了吗?没有的话,清华呢?'感谢阿伯对我的关心和可爱的期望!"我问自己:是什么力量让保安阿伯与学生温和地搭讪,又是什么力量让这位漂亮的姑娘与看上去有些憨厚、土气的保安师傅自拍了合照,还发在朋友圈?我保存了这张照片。

这张照片让我想起建校初期在附中担任保安并早已离职的杨师傅,他对附中和附中学生的爱让我感动和难忘。

2013年6月,"六年一贯制"招生考试期间,高同学和父母在校园里闲逛,偶遇老杨,老杨主动做起了招生宣传工作。后来高同学被附中录取,老杨给高同学写了封信,全文如下:

可爱的高同学:

首先祝贺你在厦大附中六年一贯制实验班招生过程中,通过海选、资格选、文化科目选等诸多环节,在数千人的激烈对抗中,一路过关斩将,最终脱颖而出,以优异的成绩被厦大附中录取,真乃可喜可贺!我愿分享你与你全家的荣耀与快乐!

初次见你之前,你的爸爸妈妈对我讲述了你的一些兴趣、爱好、特长及思维方式、学习效率等,虽然只是只语片言,当然还有一些低调,但我却在当时就确定你一定会百分之百地被附中录取。最终的结果，不是我有先见之明，而是你有成竹在胸。"宝剑锋从磨砺出，梅花香自苦寒来"，真正见到你的一瞬间，从你乐观的性格根本看不出苦来。由此我想到，别人是书山有路勤为径，而你一定是学海无涯"乐"作舟。我更相信未来在附中的学习生活中，你会微笑着充满自信地面对一切。

我经常讲的一句话就是：学问学问，边学边问，只学不问，不叫学问。在以后的六年中，你要向老师、同学虚心求教，不耻下问。虚心求教不是比别人差，不耻下问也不是比别人懂得少，因为智者千虑必有一失，愚者千虑必有一得。每个人身上都是有闪光点的，要见贤思齐，见善从之，见不善而改之，从而完善自身，充实自己。唯如此，你的人格才会日臻完备，你的理想才会日益完好，你的人生才会日趋完美。

对你的名字我非常感兴趣，《论语》云："譬如北辰，居其所而众星共之。"这也许是一个绝妙的诠释吧。一分耕耘，一分收获，一分努力，一分回报。当2019年莲叶碧时，迎接属于你自己的高考吧。我相信你的北斗之"辰"（北也是北大的"北"）必将在八闽大地、九州华夏熠熠生辉，耀眼夺目。"长风破浪会有时，直挂云帆济沧海"，相信吧，辉煌灿烂的明天在向你招手。我期待着你在附中创造新的传奇。Come on！加油！

现在用你的名字做一首诗，权作这封信的结尾，希望你鹏程万里，志向高远，树立远大的人生目标，永远激励自己向前！向前！

林木参天栋梁材，
硕彦学府展风采。
辰为北斗星辉耀，
前程似锦望未来。

厦大附中保安　杨叔
2013年6月10日

（附注：彦硕也称硕彦，指有学问的大师。）

老杨还另附了一张稿纸，上书《沁园春·赞厦大附中》，文后有"说明：这是我去年刚来附中时，写的一首词，现送给你，希望你能喜欢"。词曰：

南岸明珠，山拥海环，学风蔚然。听知景笃行，琅琅书声。玉琢成器，业授道传。园林雕塑，雨润花香。古榕观海兴波澜，教风正。看莘莘学子，覆海移山。

附中绝美景观，引华夏师生竞相还。览咫尺鼓浪，生态双鱼，水岸书香，招银港湾，钟灵毓秀，荟萃群贤，誉满八闽势犹酣。望前程，啸长天穹宇，卓立云端。

（注：知景笃行，是指知行、景行、笃行教学楼。）

如果我们的教职员工都这么用心对待学生，我想，即使某个学生是块石头，最终也会被感化的。

后来在附中物业竞标中，厦门大学后勤集团南强物业未能中标，还因为老杨要照顾家庭，他从附中物业离职，应聘到厦门大学翔安校区工作。2018年秋季，高同学的个人作品集出版，12月16日，我们在厦门大学本部为高同学以及与他同时出版著作的五位同学举办新书发布会，我想到了老杨。我给老杨打电话，邀请他参加新书发布会，并让高同学当面签名赠书给他。他愉快地接受了邀请。后来因为他要参加消防员资格考试而无法参加发布会，还专门写了封贺信，通过短信发给我，让我转交给高同学。贺信全文如下：

高同学：

从姚校长那里打听到你写的书出版了，真为你高兴，为你自豪。因故不能前去发布会现场分享你的成功与喜悦，实乃遗憾，所以写一封信，表示诚挚的祝贺！

你是一个好学生，一个要求进步、严格自律、勤奋上进的好学生，厦大附中素质教育与应试教育并重、人文关怀与学习氛围和谐，她点亮了你心中的梦想，实现了你写书的夙愿。可喜可贺，乃至欣喜若狂！

少年辛苦终身事,莫向光阴惰寸功。衷心希望你珍惜时间,不负春光,向着更高的目标启程远航。期待着你再次带给人们惊喜!

此祝

学习进步!

保安大叔杨建清致贺
2018年12月15日于厦大翔安校区

他还给我发短信:"姚校长,你好。烦请把贺信打印出来,交给高同学或其家长,以示诚意。顺便勇敢地写一首诗送给您,希望附中越办越好,再创佳绩。'教学生涯三十载,两鬓微霜育人才。桃李不言自成蹊,参天大树望未来。'祝您教学愉快!(贺信有不对的地方,敬请修改)"我回复:"谢谢您!高同学的书会寄给您。请将收件地址发给我。"我随后将书寄给他。隔天收到他的短信:"尊敬的姚校长:您好!首先祝贺新书发布会圆满成功!今天收到您寄的书了,我为学生的成长成才而高兴,您的无私付出令我钦佩!书到手了,我还没有来得及看,我的同事抢着看。附中之名,声名远播,我也深感荣幸。这两本书我会好好珍藏,细细品读。烦请校长转告我送高同学、陈同学的一句话,表达我的谢意与祝福:人生抢跑争风景,捷足先登上高峰。此祝教安!2018年12月25日于厦大翔安校区。"因为陈同学的书是我作的序,故一并寄给他存念。

老杨的诗是"杨体",我们大可不必求全责备;"杨氏价值观"我也未必完全赞同,这应当求同存异。但这不妨碍我对老杨的赞许和敬重。老杨还曾送我他写的《厦大附中校歌》,用钢笔写在红色纸上。歌云:

龙海之滨,旭日东升/浪花簇拥着附中/莘莘学子,沐浴书香/辛勤园丁,辛苦耕耘/厦门湾南岸的璀璨明星/校园承载着希望/课堂描绘出理想/绿叶感恩浇灌/鲜花回馈师长/待来年,再续传奇/秀木成栋梁/振翅高飞翔//大海汹涌,紫气东升/太姥俯视着附中/知景笃行,畅游学海/扬威八闽，扬帆远征 / 厦门湾南岸的璀璨明星 / 春蚕编织着奉献 / 蜡炬映射出前程 / 寸草依恋沃土 / 心泉喷洒激情 / 待来年，再续传奇 / 桃李吐芬芳 / 蓓蕾绽花香。

显然，这是老杨写给附中的颂歌，我们应当珍爱和感谢。但校歌不能如此自吹！

附中最强大的教育力量是和美的人际关系！像老杨这样会写诗的保安毕竟是少数，但我们的后勤员工都像老杨一样爱附中、爱学生。看到他们尽心尽力保障教育教学、服务学生，我在感激的同时由衷地尊重他们，所以，我们的毕业典礼一定要将食堂、物业员工代表请到主席台上，接受致敬和献花。我们强调服务，而后勤员工就站在"可见服务"的一线，他们的形象就是学校的形象！

与教书育人相比，服务育人的难度和境界尽在被人忽略的奉献、无比寻常的琐碎和润物无声之中！

2023 年 7 月 14 日

三个小时 34 个电话

周四（2021年12月23日），下午4:30，黎明（化名）老师打来电话，我担心有什么急事，便走出会议室接通电话。原来是今年刚入职的闻静（化名）老师胃出血，黎明老师正陪她在医院就诊，觉得情况不好，六神无主之际给我打电话讨要主意。闻静上午由工会主席潘四梅老师和陈婷老师送到开发区的第一医院就诊，黎明随后到医院陪侍，一直住在急诊室。初步检查结果是胃出血，没有发现其他病灶。闻静身体虚弱，数度几乎晕倒。医院建议办理住院手续，但也没有明确的诊断措施，同时要有固定的人陪护。闻静家人在河南，她哥哥准备过来，但需要第二天下午才能到达。综合各方面因素，黎明和闻静商量，打算等输完液后回学校宿舍，第二天再到大医院就诊。

这信息于我而言很突然，没有任何思想准备。我的意见是，首先得听医生的；其次如果不打算在开发区第一医院住院，在情况许可的前提下当晚回校当然可行；第三，如果想好到哪家医院就诊我可以帮助联系。另外，回学校打个电话，我会安排车子去接，或者我自己过去接；还有什么其他困难随时找我。

会议结束后我回到办公室，潘四梅老师正好找我有事，聊到闻静的事我才知道上午是她送闻静到医院的。我请她注意跟踪，有什么情况及时和我通气。随后，我当着她的面又和黎明通话，商量晚间照顾的事。我对黎明说，如果闻静回学校，我打算请食堂师傅炖点鸡汤送过去，我也和总务处炀宾主任交代好了。后来黎明说晚上住她妈妈家，她妈妈可以照顾。当然，我的建议是，如果没有好转，需要转院的话不如当晚就转院，在家里万一出状况的话无法应付，反而麻烦。几经商量，还是决定立即转院。张副书记和黎明老师跟随救护车将闻静送到厦门第一医院。我又安排总务处朱友志副主任开车过去接张副书记回来，年段长李晓波老师等几位同事随车到医院协助办理住院。张副书记一行很晚才离开厦门第一医院。

在开发区第一医院目送救护车驶出大门后，晚上8:19，我给黎明QQ留言："住院费用如果有问题可以跟我说，我可以先转给您。不必和闻静讲！"黎明回："没事，校长，我这里可以先垫付。"我回："需要跟我说，真的不要客气！"她回："好。"我回："加我微信，手机号。需要就立即转过去。"她回："好。"我回："您辛苦！"

12月24日晚，平安夜，我发了一条朋友圈：

昨天下午，为一位刚入职的、家在外省的青年教师入院就诊，从下午4:30到晚间7:15，不到三个小时的时间里我接打了34个电话，期间与工会主席潘老师、教务处主任钟老师面商，还收发了若干信息。要不要住院？什么时候住院？住哪个医院？如果当天不住院，晚上住哪里？床铺怎么安排？谁陪护？如果立即转院，用什么车？哪些人随车？在开发区第一医院目送救护车驶出的那一刻，我问自己，一位同事生病，三个小时内校长为此事接打了34个电话是否正常？张副书记、黎明老师随救护车护送生病同事至厦门第一医院，朱友志副主任、李晓波老师、蒋升江老师、王朝霞老师随后赶到医院。他们跑上跑下，安顿好病人，朝霞老师留院陪护，其他人在晚上10:30才离开医院。

现在想想，昨天下午4:30，两个女孩子在医院，一个躺在病床上，另一个看着她躺在病床上，此时给校长打电话也许效率是最优的。从昨天下午4:30接到黎明老师从医院打来的第一通电话，到刚才接到她报平安（具备出院条件了）的电话，一天时间里我们通了14个电话。我对黎明老师说："感谢您的信任！"

写到这里，想起了拙著《教育无非服务》中的《早晨的一个电话让我幸福一天》。

这条朋友圈配了两张电话记录的截图,一张是黎明老师在 28 小时内和我联系的 14 条电话记录,另一张是我在不到三个小时内与黎明、李晓波、陈艺伟、刘炀宾、钟宜福、张自科、朱友志七位老师通话的共计 34 条记录。

圣诞节晚上 9:25,闻静给我 QQ 留言:"校长晚上好!我是闻静。我今天下午已经出院啦,出血已经止住,目前就是贫血严重,需要休息调理一段时间。现在我哥哥在照顾我。这几天让您操心了,非常感谢您的关怀!"我回:"不客气!听黎明老师说搬到校外租住了?注意安全!有事就说!"大约两周后,她就回校上班了,随后是春节放假,节后就看不出她生病的痕迹了。

拙著《教育无非服务》中有一篇《早晨的一个电话让我幸福一天》,记录了同事印堆老师下半夜生病给我打电话的事,文中有这么几句话:"想起印堆对我说的'抱歉'(他觉得不该那么早打搅我),我反倒在心里升起一种幸福感。他能在危急的关头想到我,说明他信任我,我其实应该感谢他。这是我的真心话。""在我身体状况最不好的那一段时间,我经常想,假如我面临危急状态,我会第一个给谁打电话求助?我会在自己的心中排队。总之,那些不愿意帮助他人的、经常不接电话的、不回复留言的,我一定不会找。"

不久前的一个下午,1:10,同事夏静(化名)老师给我留言:"校长您好,这周一傍晚,我女儿在家门口被邻居宠物狗扑倒。这几天以来,这件事情后续的发展让我和我先生难过、愤怒和无助。不知您今天什么时间有空,想寻求您的帮助与建议。"我回:"有这种事!我也非常讨厌猫狗散养。我都在。"下午 2 点后,我到教务处了解个事,回到办公室后看到桌上放了一沓打印材料,知道是她送来的。QQ 上有留言:"校长,您这会儿没在办公室,我把一份说明事件经过的纸质材料放您桌上了,我在自己办公室等。"

我一张一张阅读她送来的材料,包括事情过程陈述、图片和留言截图等打印、复印材料。过了一会儿,她来到我的办公室,我和她谈了自己的看法:毕竟是邻居,还要相处下去,责任要分清,对可能存在的隐患要达成共识,但要保持理性。我说:"您想清楚,需要我做什么,能做的我一定会做。"她的情绪平复了很多,说回去再和邻居好好沟通。几天后我收到她的信息:"校长,我和邻居的事情昨天晚上告一段落了,邻居昨晚来道歉,并且做出赔偿。谢谢校长的关心和建议,十分感谢!"我回:"那就好!"她说:"经过这件事情,我也在想,德育真的太重要了,会读书,成绩好,但不分是非,很可怕。"她的邻居是位大学老师。我说:"是呀。很多学霸学了很多知识,但不懂得处理人际关系,结果往往被自己的'关系'搞得很痛苦。很多时候,营造好这个关系并不需要特别付出什么,仅仅需要拿出一个姿态。就这么简单。"

都说校长要做大事,不要陷在事务堆里。我搞不清什么是大事,也不知道怎么会有那么多的大事。

2022 年 3 月 2 日

"520"，有一份特殊的礼物

昨天上午，我们在1号会议室举行"厦大附中之兰校友基金"设立座谈会，没有主持人，没有仪式，没有常规的程序，参加的人也非常少。上午10:10，我和太太余老师、校学导中心主任杨越老师代表学校，校友会会长高武渊代表校友会，在《捐赠协议》上签字。我和余老师一次性向厦大附中校友会捐款10万元，用于"资助厦大附中校友会开展活动以及以校友会名义资助厦大附中教育、教学活动和资助、奖励师生个人"。捐款已先期于5月5日转入学校账户，座谈会算是一个后补的仪式。签字后合影。然后，我介绍了相关情况，在座的校友、同事即兴发言。参加座谈的人员有：校友会会长、2014届毕业生高武渊，校友会副会长、2013届毕业生蔡泽鑫，校友会监事长、2012届毕业生董巧妙，理事会成员、2017届校友林雅虎，张自科副书记，廖建勤副校长，周永春副校长，办公室陈艺伟主任，总务处刘炀宾主任，教务处钟宜福主任，学导中心杨越主任，我们夫妇，共13人。

在我退休前给学校捐点钱设立一个基金，是我和太太余老师几年前就有的想法。我们原本是想直接捐到学校某个基金或奖学金里面，不另立名称。但厦大附中办学才15年，到2023年中高考后，高中毕业12届，初中毕业13届，校友都很年轻，大多数还在求学，尚无能力捐资。目前尚无一个长久的基金项目。母校不能"绑架"校友，不能给校友带来任何形式的负担。我想，于厦大附中而言，校友助学可能将是若干年后的事。建校以来，我们也获得了少量的社会捐助，如陈月云女士、杨俊慧先生、许福龙先生，先后点对点予以学生资助，但都是一次性的。

2022年，我们设立了两个奖教奖学金"令相奖教金""月云基金"。2022年1月17日下午，我校举行"令相奖教金"捐赠仪式，厦门大学嘉庚学院2014届校友、厦门贵在互联信息科技有限公司总经理苏令相先生捐献25万设立"令相奖教金"，主要用于奖励我校学科竞赛成绩突出的教师，分五年捐助，每年5万元。2022年4月22日上午，厦大附中"月云基金"捐赠仪式在我校1号会议室举行，福建润播贸易有限公司总经理陈月云女士捐赠50万元在我校设立"月云基金"，用于奖教、奖学、助学，同样分五年捐助，每年10万元。陈女士热心慈善和社会公益事业，已数次给附中学生捐款。但这两个基金都是有时限的，而且是以现时企业法人姓名设立的。

因此，我觉得我们夫妇个人的捐款还是单设为好。而且因为我从教近40年，学生甚多，想做公益事业的学生也有不少，加之是厦大附中的创校校长，我牵头设立的基金可能更有条件增资。为何称为"校友基金"？我有几个方面的考虑：一是厦大附中要办学生喜欢的学校，要办所有学生永远喜欢的学校，校友工作非常重要，而财政资金用于校友工作的空间有限。二是奖教奖学的首要责任在政府，民间资金应该用在更合适、更需要的地方。三是校友基金受控程度小，用于资助教育教学活动以及资助、奖励师生个人更方便、灵活。四是创校初期学校发展困难重重，校园建设历时12年才完成，学校一直是在工地上办学，甚至至今还在工地边上办学，我对这些学生选择附中求学由衷感激，有一份特殊的感情。五是我曾经对首届毕业生说，你们回母校，母校一定要请你们吃饭。现在看来，这笔费用尚无着落，从长计议，需要有个基金用于筹措这笔钱。这些年来，校友返校就餐都是免费的，我们甚至在2号餐厅专设了一个校友窗口，但费用一直是东拼西凑、四处"化缘"。实际上一年也花不了多少钱。我让食堂帮我统计了一下，因为疫情，2020年、2021年、2022年，每年都在3000元左右，2023年1—4月是3150元。照此推算，一年用不了一万元。所以，我对余老师说，我们先捐10万元，退休前先将未来10年校友返校的餐费预付了。当然，这是开玩笑的话。

我们给校友会捐款，最初并无设立基金的想法。我们虽然比一般学校更重视校友工作，但在2022年之前并无校友会。2019年5月，我们根据高中课改的要求成立了学生发展指导中心（以下简称"学导中心"），因为校友代表所在高校回附中进行招生宣讲已成常态，事实上也成为学生发展指导的一部分内容，故将校友发展跟踪工作纳入学导中心的工作范畴内。那之后开始筹建校友会，并确定每年集中开展校友返校日活动，暑期举办一次大型的，春节前后有两次小型的。经过认真筹备，2019年8月8日，我们举办了第一次校友返校日活动，到访校友600多人。2020年春节前仍举办了主要面向2019届毕业生的返校活动，春节后因疫情而停办。此后两年多，有组织的校友返校日活动基本停办。2022年暑期，我们克服困难，几乎是"冒天下之大不韪"，于8月6日举办了校友返校日活动，返校的校友超过400人。

成立校友会一波三折。我希望成立正式注册的、合法的、有独立法人资格的校友会。我希望校友的力量未来能成为推动学校发展的独立的力量。令我完全没想到的是，成立一个合法的校友会简直比登天还难。为了全力推动校友会成立，根据要求，2022年1月23日上午，厦门大学附属实验中学校友会第一届第一次会员大会暨校友会成立大会在学校礼堂举行，理事会、监事会等相应机构成立。至此，各种材料一应俱全，尽管各方几经努力，但终于在2023年2月17日被宣布前功尽弃。

关于基金的名称，我一开始也不想立名，就叫校友基金，但一想未来别人设立校友基金的时候或许因此陷入两难，最后觉得还是要有个名称。用什么名呢？我想过"亦乐"，但仍然顾忌涉占用"公器"之嫌，也觉得犯不着。随后想到在我父母、岳父母的姓名中各取一个字，命名为"华富爱生"，因为我母亲、父亲、岳母、岳父姓名中分别有"华""富""爱""生"，而"华富爱生"立意也很好。但思忖良久又觉得岳父岳母健在，弄个基金颇有些立生祠的意味，仍觉不妥。可是，我捐款设立基金，名称总得和我有点关系，至少沾点边吧。2022年9月初，我和余老师带儿子儿媳去海澄天后宫祭拜先十世祖姚之兰，突然觉得基金名称应该用"之兰"。因为明朝万历年间先祖曾在此任职，其德政至今有口碑，这种因缘也非常独特。当然，用亲祖宗立名，多少也有点不忘所自、慎终追远的意思吧。有了这个想法之后，我越来越觉得没有比这个名称更合适的！

姚之兰是我的十世祖。我的祖上是在元朝末年由浙江余姚迁到安徽桐城的。姚胜三乃桐城麻溪姚氏之始祖。《桐城麻溪姚氏宗谱》载:"为人敦厚正直,喜为人解纷息难,乡之争者多取决焉。行义载先德传。年九十六卒。娶张氏,生三子,文一,文二,文三。生年葬地逸。"家谱始修于五世祖姚旭。姚旭,明景泰庚午举人,辛未进士,官至云南右参政,讳称大参公。因为渐成望族,桐城麻溪姚氏修谱不辍,至1921年编修八次。百年后,2020年底,历时五年,第九次修谱完工,装订28册。《桐城麻溪姚氏宗谱》在中华族谱中应当算是比较完整的,又因为五百年间名人辈出,有一定的史料价值。

安庆师范大学文学院副院长汪孔丰教授在其《麻溪姚氏与桐城派的演进》一书中写道:"姚氏自始祖姚胜三在元代迁居桐城麻溪,传至五世姚旭,科第有声,官至云南布政使司右参政。其后,科第绵延,簪缨相继。尤其是八世葵轩公姚希廉这一房表现得最为引人注目,'自明季以来,读书仕宦,人物称盛者,皆葵轩公后也'。这一支九世有姚承虞、姚自虞。姚承虞传至姚柬之、姚元之为十八世。姚自虞传至姚文然为十二世,传至姚范为十五世,姚鼐为十六世,姚景衡为十七世,姚莹为十八世,姚濬昌为十九世,姚永楷、姚永朴、姚永概、姚倚云为二十世。这是姚氏在仕宦、文学、学术方面最负盛名的两支。姚氏作为文化世家,洵可谓源远流长。"我家这一支即为九世祖姚自虞之后。

大参公姚旭是麻溪姚氏第一位取得功名的。六世祖姚楫不第行医,七世祖姚琛于45岁去世。八世祖姚希廉"少习举业,尤精六艺",但因父亲早逝,弟妹年幼,家道中落,只能放弃举业。不过,他非常重视子女教育。《姚氏先德传》记载:"(姚希廉)千里延师以授诸子,见文学之士必与欸洽,竟谈朝夕,以广弟侄及诸子见闻。性善饮,每游览必载酒,酣辄赋诗。"现存《感怀诗》一首,诗云:"四十年来光景殊,蹉跎岁月竟何如。儿童五六饥寒迫,家计萧条事业孤。灶火烟余蒸麦熟,竹篱掩罢听征呼。重重乐事人间有,寥落凄凉似我无。"姚希廉49岁早逝,但六个儿子受《感怀诗》驱策,自律甚严,刻苦向学,先九世祖姚自虞四兄弟在父丧服阕后竟同一年进了郡学或县学。十世祖姚之兰和其堂弟姚若水为万历二十九年(1601)同科进士,六年后，姚之兰堂兄姚之骐得中万历三十五年（1607年）进士。据汪孔丰《麻溪姚氏与桐城派的演进》一书统计，明清两朝，桐城麻溪姚氏举业有成者56人，其中进士21人、举人35人。（另据网络文章《桐城姚氏——清朝最会高考的家族》称："姚氏家族在清代取得进士、举人者有71人，出仕为官者446人，其中三品以上高级官员6人，姚氏家族留有著述者91人。"）

《感怀诗》家传亦称"麦饭诗"，我幼年即聆听祖父吟诵，因此从小懂得读书之重要。《感怀诗》问世后，姚家后代子孙传颂于口，铭记于心，并在家族衍递过程中，逐渐形成了赓和的家风传统。奉和赋诗之多，以至于曾经有过结集之举。和诗结集，是姚氏子孙对八世祖姚希廉的一次集体记忆，也是子孙"慎终追远"的孝道观念的具体实践。《感怀诗》有序云："予少治章句，长习躬耕，顾以世族之后，恐遂式微，用羞厥绍，训子尊师，既忠且敬。单衣粝食，终窭且贫。晋语盈庭，空怨天高自踢；追呼在野，敢云门设常关。子无马氏之白眉，徒羡鱼而结网；身似曹家之黄雀，甘见鹞以投罗。率尔成章，少宣抑郁，亦以示后世子孙'苟富贵，毋相忘'云尔。"可见，先祖姚希廉赋诗的目的是希望后世子孙如有兴旺发达者，应当"厚恤宗人"。据《姚氏先德传》所载，后世子孙中"厚恤宗人"的故事很多。

十世祖姚之兰（八世祖姚希廉的孙子，九世祖姚自虞的长子），字汝芳，号芳麓，治春秋，邑廪生，嘉靖壬戌四月二日（1562年农历四月初二，公历5月4日）生，天启甲子正月十五日（1624年农历正月十五日，公历3月4日）卒，享年63岁。万历戊子（1588年）举人，万历辛丑（万历二十九年，1601年）进士。授福建海澄县知县，万历三十一年（1603年）任，万历三十四年（1606年）丁忧离任。

乾隆版《海澄县志》载：

姚之兰，字汝芳，江南桐城人，万历辛丑进士。三十一年知海澄县。邑故有禾平庄，田属澄而龙治其赋，隔属滋弊。又镇海仓者，卫故隶浦而密迩澄邑，军储上纳，岁征诸澄。民苦赔累，且重跸以守之，前令龙国禄曾陈其害未得请。之兰至，申请益力，于是庄赋归澄，仓粮改折，积年重负，获息肩矣。九都自普贤、草尾一带旱苦积卤，特令浚渠于祖山，计三百余丈，通石码河淡潮，以汇于涧而达诸泮池。躬步陇亩，日夜经画，迄底厥功，百世之泽也。创置学田供学宫费，余以赡贫士，士民交德焉。三十四年丁外艰去。后历杭、汀二郡守，卒祀名宦。子孙榘、孙棐，棐子文然，先后成进士。

论曰：桐城所兴皆为民百世利，所谓获乎上者，民乃可得而治欤。桂平挫权珰，大庇生民，竟扼其身，能治民反不令获上，何也？当其生，显晦则异，殁而俎豆同见思焉，岂当要者皆恶苦硬、喜软美，直道之行仅在斯民耶？

《桐城麻溪姚氏宗谱》之廿七册《姚氏先德传》记载姚之兰事迹最详，尤以在福建海澄仕绩最繁、篇幅最多，我将之概括为如下八个方面：（1）驱珰。智斗太监，减海上贸易税。（2）阻止奸人与海外的空头贸易，维护天朝圣威，避免更大损失。（3）智退外商强迫贸易。（4）修渠造田，改造盐碱地。（5）理顺庄赋、卫粮关系，革除积弊，为民减负。（6）置办学田，留心学校，捐官租以给诸生。（7）司法公正，录囚多所矜释，司法宽松，体恤民情。（8）断案明察秋毫。关于重视教育，乾隆版《海澄县志》载："明邑令姚公之兰万历三十三年置田二区，一在郑埭，一在曾桥，共三石九斗，计三十二亩，岁收粟百石有奇。（一新渡官津，岁收税银二两五钱；一邑东北城下官河，岁收税银一两五钱，并捐之以供粮费，以给贫生。邑人柯公挺为之记，见艺文）今据学案止存曾桥田四亩一分六厘六毫七丝，岁纳正供银八钱三分三厘三毫四丝。"这就是前文说的"创置学田供学宫费，余以赡贫士，士民交德焉"，大概算是最早的免费教育。卸任海澄县令之后，姚之兰先后任杭州知府、汀州知府，也颇多德政，"部议当迁官，公念母年八十，请终养，诏褒许之，且曰'无有如汀州守之急公爱民者'，加按察司副使以荣其归"。乾隆版《海澄县志》记载："姚公祠凡有四，一在新路直街，一在湖美庵后，一在港口堡内，一在三都。祀明邑令姚公之兰，后祀名宦。"先祖姚孙榘（姚之兰之子）、姚鼐、姚莱、姚莹先后来吊。姚莱曾修葺海澄德馨祠，姚鼐凭吊后曾作《谒德馨祠》："先人莅政浙江潮，庙貌湖山锁寂寥。近日守官新槛楣，百年父老戒苏樵。青编史传悲思极，白发秋风道路遥。遗像幸瞻垂老日，独惭无状负登朝。"（见《姚鼐诗文集》，黄山书社 2021 年 7 月版）

因众所周知的历史原因，我在少年时代是没有家谱概念的，也从未见过家谱。光宗耀祖是封建宗法思想，是受到批判的。"桐城"是"谬种"，"选学"是"妖孽"，我这样的正宗后代差不多就是"余孽"。1987 年春节前，我送太太余老师回家，遭遇翻车事故，余老师无恙，我小腿部受轻伤。春节过后，我请假在家休养半个月。其时，叔祖病故，叔祖母不识字，将一木匣子交给我，我打开一看是 1921 年版《桐城麻溪姚氏宗谱》以及两卷《桐城姚氏文人诗集》，很是吃惊，但如获至宝、如饥似渴以至于废寝忘食。族人没有人会想到叔祖居然保留了一套完整的族谱，历经非常时期族谱仍完好如初。我自小经常在他家上蹿下跳都从未发现这个木匣子，及至"文化大革命"结束已 10 年，他仍是谨慎有加、守口如瓶。尽管他在那前几年每逢春节就将三幅先祖的画像悬挂于厅堂，但家谱的事从未提及。其时，我虽然看了几天家谱，但一方面学养不够，查询资料也不方便，没有太多的真切体会；另一方面资料浩繁，没有做什么笔记，留下的印象也不深。结束休养后就将族谱还给了叔祖母。此后，一是回家少，二是工作忙，就没有再研究过族谱了。

来漳州港筹建厦大附中前，我没来过福建。2007 年 6 月 19 日夜，我第一次到厦门，次日首登漳州港。其时不知有龙海、海澄。虽然翻过族谱，知道祖上曾有仕于闽南者，但不知其详。只知道十八世族祖姚莹曾任龙溪知县，据说龙海二中内文庙里现在尚有其遗迹。2021 年 3 月，老家宗亲将全套宗谱寄给我，我才得以仔细研究。没想到十世祖姚之兰曾于明朝万历年间任海澄县令且颇有政绩，后任杭州知府、汀州知府。今厦大附中所在地属旧海澄县。十一世伯祖姚孙榘曾任漳南道。十六世祖姚棻历任甘肃靖远知县、皋兰知县、固原知州，湖北安陆知府、武昌知府、施南知府，福建漳州知府，擢分巡汀漳龙分备道，广东按察使，江西布政使，江西巡抚，广西巡抚，贵州巡抚，云南巡抚，福建巡抚，大半辈子周旋于官场，在福建巡抚任上引疾致仕归里。十八世族祖姚莹先后任平和知县、龙溪知县、台湾知县。姚莹为桐城派代表人物之一，著述颇丰。我有一套（2本）中华书局出版的姚莹的《康輶纪行》。

2021年3月底，龙海一中副校长洪达勇老师从我微信中得知姚之兰是先祖，便告诉我海澄天后宫还有先祖的塑像，我大喜过望。当时，洪老师正着手写《海澄县历任县令列传》，先祖显然也在列。他还将自己从乾隆版《海澄县志》中整理出的有关先祖的文字发给我。后来，时任龙海市副书记何霭（现东山县委书记）送我一本2019年9月华夏文化出版社影印出版的乾隆版《海澄县志》，我才得以从"正史"中看到有关先祖的记载。2021年4月3日，清明节前一天，我和余老师第一次到海澄镇天后宫祭奠先祖。天后宫排场很大，远处最大的一尊塑像是妈祖像，近处两间亭阁内各有一尊塑像，左边为先祖，右边为土地公。先祖塑像绶带上写有"国泰民安风调雨顺"，塑像前有固定香案，亭前有一鼎，专供香客烧纸钱。据说，一年四季香火不断。2022年中秋日，我们夫妇带儿子儿媳去祭奠，近前献花时看到香炉里还燃着香。想必刚刚有人祭拜。旁边有一群与我年龄相仿以及更年长的当地人，得知我们是姚县令的后人时，都夸我们有福。先祖有福，四百年后还有后人来瞻仰；我们有福，在异乡还能亲见四百年前先人的遗迹。他们告诉我，每天早晚都有人来给先祖烧香，我作揖感谢。

海澄县，旧时属漳州府，大致位于现在漳州市龙海区东部以及厦门市海沧区除东孚街道以外的区域，县治为今海澄镇。1960年与龙溪县合并，以两县各取一字得名龙海县，后改龙海市，今为龙海区。明朝后期海澄县曾为中国重要的对外贸易港口之一，成弘之际有"小苏杭"之称。1940年，海澄县划为4区，下辖5镇14乡，178保。今天的厦大附中所在地在当时的第三区（驻港尾）浦西乡（石埠前、石埠后、格林、白沙、林尾、城外、店地、大径，共8保）之店地，而厦门大学漳州校区所在地主要为大径。

先祖姚之兰是安徽桐城麻溪姚氏第十世，我是第二十一世，中间仅隔十一世。先祖生于1562年，我生于1963年，相隔已有401年。十三世之后，我们家这一房人丁不旺，正所谓"小房"。近几代常为独子。我儿时倍受宠爱与我是长子长孙有很大关系。我在老家辈分很高，是"佐"字辈，晚辈的现在至少有"大""成""育""斯""才",亦即我有"来孙"了,换句话说,我已是"天祖"。"才"之后是"德",很多年没回家走访宗亲,我有没有"晜孙"不得而知,如果有,我就是"烈祖"了。我回乡,常常不知道怎么喊他们,他们也不知道怎么喊我,常常是八九十岁老翁喊我"大爹爹",三四岁毛孩子也喊我"大爹爹",长幼无别,我都一概热情应答。

2022年10月15日下午,我发了一条微信朋友圈:

近午时分,龙海一中副校长洪达勇先生发来几张照片,留言:"邀请漳州政协海峡文史馆原馆长拓下和姚之兰有关的这两块残碑。"姚之兰乃先十世祖,明万历年间曾任海澄县令。我连忙致谢。洪先生教学、治校之余从事县志研究,为明清海澄县令作传,先祖亦在列。6月份他曾告诉我发现两块与先祖有关的残碑,散落在一片菜地中。中秋节我携家人前往祭拜,看到这两块残碑已运至天后宫先祖塑像处。当时辨认良久,终因积尘太厚、字迹模糊而所获甚少。幸得洪校长热心,终使这断碑残文得见天日。我来漳州港筹建厦大附中15年,得到很多领导、朋友、同事、学生和社会各界人士的支持,焚膏继晷,侥幸不败。有感于斯,步先八世祖葵轩公姚希廉《感怀诗》韵学诗一首。

谒海澄天后宫先十世祖姚公塑像
用八世祖姚公希廉《感怀诗》韵

四百年来光景殊,桑田沧海竟何如。
桐城麻埠无祠庙,月港天宫有祭炉。
兴校耳孙南太武,欢歌学子九龙塾。
艰难困苦功成幸,原祖甘棠不世福。

先祖之甘棠,护佑的岂止是我们夫妇!我已花甲之年,回顾过往危机四伏、险象环生又总是化险为夷的大小事件,我不是唯心论者,勤奋、用心、心细固然,但屋瓦打破头的事靠勤勉是避免不掉的。走到今天,难言成功,不过是侥幸未败,"艰难困苦功成幸,原祖甘棠不世福"是我的真情实感。然而,人不能总是靠祖宗保佑和运气过日子!

之所以选择在 5 月 20 日这一天举行一个小仪式,是因为这一天乃先祖姚之兰冥诞。先祖生于嘉靖壬戌四月二日即 1562 年农历四月初二,2023 年 5 月 20 日这一天也是农历四月初二;520,网络语言中谐音为"我爱你",被称为网络情人节。选择这天,既表达了我们夫妇对先祖的纪念,更表达了同为附中老师的余老师和我对附中学子的爱。如此巧合的日子,上一次是 19 年前的 2004 年,下一次则要等到 19 年后的 2042 年。

2023 年 5 月 21 日

下编 | 看见校长:"老父亲"

"您是我们的'专属客服'"

今晨又收到高三11班林铭沣同学的落款时间是16日的来信,全文如下:

尊敬的校长:

您好!

您在周二对我说的话,真的让我特别感动。您真的把学生放在心上,真的谢谢您!您就像是我们的"专属客服"。

这件事之后,我们也做了反省。因为之前有过几次被"赶走"的经历,所以我们这次没有好好跟他们沟通,这是我们的错误。也许当时我们跟他们商量一下,就不会起冲突了吧。

今天我们班的体育课也在下午第三节。我们打了一会儿排球,发现梁老师和刘老师在边上等待。我们主动邀请他们与我们一起打,他们也很愉快地加入了我们。加入之后,他们教我们调阵形、打配合。我们很开心地上了一节体育课。我们的排球技术也更精进啦!这样的师生关系真的很舒服、很愉快。

体育课下课前,其他老师陆续来了,我们邀请他们一起打球,但他们拒绝了。有个别老师也许还认为我们向您"打小报告"的做法不太妥当,把刘老师叫走了。

体育课下课后,我们就离开了,老师们上场打球。我心里有点疙瘩,觉得应该跟他们沟通,讲清楚。于是我就去找了他们,坦白了信是我写的,并就当时没有事先沟通的错误向他们道歉。相信体育馆是大家的,希望他们能让我们好好享受运动时间,师生相互理解,大家一起共用球场,和谐、开心地运动。

大部分老师觉得这是件小事，能够理解。但老师们也表示我们给您写信的行为可能让您对他们的做法有些不满，他们也希望我能向您再次说明情况，减少师生间的冲突。

相信大家一起努力，一定能创建和谐师生关系，一起成为幸福的人。

最后，还是想谢谢您，或许也只有在附中能享受到如此被重视的待遇了！

祝您快乐、幸福，一切顺心！

之所以说是"又收到"，是因为14日傍晚我收到过他的一封信，全文如下：

尊敬的校长：

您好！

想向您反映一件事情。2月14日（周一）下午第三节课是我们班的体育课。从下午4:05—4:35，我们班十多个同学在排球场打排球。这时，杨老师和张老师过来想打排球，找了我们的体育老师陈老师，让陈老师把我们赶走。然后陈老师认为他们只有两个人，让他们人多再来。下午4:40，他们来了总共四个人，把我们赶走，这时离下课只有10分钟。可是这不是我们班第一次被他们赶走了。其他班也有被赶走的经历。

首先，作为高三学生，我们每周只有两节体育课，而老师们每天傍晚都可以打。其次，我们只能活动到下午4:50，而老师们可以打到晚上6点多。他们为什么要跟我们抢这10分钟？（他们还说以后下午4点就来，让我们没有场可打。）

最让我生气的是，他们对我们的态度十分不友好，一直在说我们打得不好。杨老师跟另一个男老师说："他们哪里是在运动锻炼！"（虽然我们确实打得不好，但我们很开心地享受这节课）上一次，一位男老师提议，让我们组一队跟他们打，但有两位女老师说我们打得不好，让我们在一边玩。可是体育场的其他场都有人了，我们只能在旁边闲等着下课。（她们在旁边对我们班窃窃私语，真的让人很不喜欢。）

虽然我们明白尊重师长，但也希望老师们可以尊重我们。

退一步讲，如果他们态度好点，我们对他们也不会如此生气。

写此信时，刚在第四节课上，带有些许愤怒，如果言语不当，请原谅！

下课时陈老师也对我们说了些话，我明白他说的这些道理，"减少冲突""不对与自己无关的人生气"，但我们都是十七八岁的学生，还是很生气。

带有倾诉的想法写下此信，不求是否有回应。

祝您万事胜意！

这封信是放在食堂门口的校长信箱里的，大约是第四节课写好后到食堂就餐时就放到信箱里了，被办公室的同事及时发现并第一时间拿给了我。第二天一早我就去找他，当面肯定了他实名写信反映问题、寻求解决困难的举措，我说我会用合适的方式帮他们协调的，要相信老师们是有胸怀的。他说"是的"。

当天下午，我在学校办公群里发了几句话："各位老师，学校教育教学设施设备是用来保障开展教育教学工作的，是为学生上课、学习、活动等服务的，请老师们不要私自挤占！教职工教研活动在规定时间、规定场所进行，教职工文体活动原则上在课余时间开展。游泳馆在学生课后对教师开放（晚上6:30前）；体育馆于晚上7:00—9:00对教师及家属开放，下午5点后及周末教师及家属可视情况与学生共用，但不得强占，不要因此引发师生矛盾。学校无小事，事事皆育人！"类似的话我早就说过，也不时反复说，但事到临头还是靠个人自觉。

恰巧2月18日下午第三节课又是他们的体育课，然后就出现了第一封信陈述的让我很感动的一幕。我随后又去找铭沣同学，对他说："你坦诚地对老师说信是你写的，你这就是有担当，我要表扬你。还是那句话，相信老师们的胸怀！"他再次点头称"是"。我又对他说："你们让我看到了我想看到的结果，我要感谢你！"他说："您就像我们的'专属客服'。"是的，教育无非服务，我愿意做学生们的"专属客服"！

我经常收到学生的来信，这些信的内容大多不是赞美诗，都要耗费我一些精力。学生给我写信反映问题，无论多么棘手，我从来不会弃之不管。从这个角度来说，我确实类似"客服"。

我说校长有一百种做法，而我这种是最笨的。我之所以会比很多校长辛苦，是因为我直接面对学生。贴近学生当校长，贴近学生办学校，贴近学生做教育，"贴近学生"让我有做不完的"小事"。

譬如，一个周日下午，1:16，我收到一条短信："亲爱的姚校长，我是高三1班的诗彤，最近感觉状态有点差，不知道今天下午您是否有空与我小谈一下？"我回："好的。下午3点，我办公室（力行楼408室）。姚。"下午3:00—4:30，我们"小谈"了一个半小时。

又如，2021年5月2日晚上7:43，2019届的苏晨同学给我留言："校长，有一件事需要麻烦您一下。我的高中同学吴愉，在2018年的校运会上被评为优秀运动员，但是颁奖时我们高三在模拟考试，他没能拿到那张奖状。现在他在南京的中国人民解放军陆军工程大学读书，很辛苦。请问您可以让学校做一份奖状吗？我寄给他。其实前几天就想跟您说，一直忘记。希望没有打扰到您！"我回："节（五一假期）后我先了解一下。学校可以直接寄过去。"

5月7日上午8:46，我将吴愉的奖状拍照发给苏晨并留言："把吴愉的地址发给我，我寄过去。情况属实，所以能补发。你还有校运会记录呀！"我发了个大拇指的表情包。她随后发来收件信息并留言"谢谢校长"，又回复："我的记录只跟上一位同学的记录差了1秒不到，应该只是运气好一点而已。希望有更棒的小朋友超过我。"我又给她发了个大拇指的表情包。我按她给的地址将迟到两年的运动会奖状寄给了吴愉。

我自己也清楚，这样的事百分之九十九的校长不会干，也不屑于干。当然，绝大多数校长也不会有学生直接去找。于我而言，没人找我最好，但找来了，我就不能敷衍了事甚至一推了事。

我曾经看过一组漫画《适时冷漠，人生会轻松很多》，第一幅漫画的文字是："偶尔让人失望一下很有必要。如果从不让人失望，那所有人都来找你，所有人看向你的眼神都充满期待，那种感觉岂不是很累。"还好，我还没有觉得"很累"，因为，不会"所有人都来找"我，用不着自己吓唬自己。

2022 年 2 月 17 日

"校长，真的感谢您！"

2022年8月2日上午10:26，厦大附中第一级（初中2008级）、2014届高中毕业生李名镜校友给我发来信息："校长好，打扰您了，因工作单位审核个人档案，需要高中毕业证明，但我的高中毕业证不在身边。想请学校帮忙出具一份盖章的证明，不知道可以联系哪位老师办理？谢谢。"我立即回复："暑假教务处具体办事的老师不上班。你先将文字草拟好，我看看有没有办法办理。"他回复："好的，麻烦您了。这是我们单位提供的模板信息，请查收。"他随后发来《高中毕业证明模版——李名镜》，我打开一看，比较简单，不涉及学籍号、毕业证号，只需证明高中在我校就读，2014年毕业即可，便回复："可以。我马上办。"随后就交代办公室里的同事用学校的公文纸打印好，盖好章，然后拍照发给了他。前后只用了28分钟，虽然正值暑假。当然，我一直没搞明白他的毕业证怎么就那么难找，宁可找我开证明。

类似的事对我而言并非新鲜事，这不是第一次，我想，在一段时间内也绝非最后一次。

将时针拨回到一个多月前。6月29日，晚上近9点的时候，刚毕业的高三10班庄晓娴同学给我发来信息："校长，真的不舍得附中！做今日的毕业（典礼）视频的时候发现自己真的已经毕业了，好舍不得。校长，您是世界上最好的校长！体贴学生，理解学生，关爱学生！我真的感受到当附中学生的幸福感与自豪感！附中越来越好！"我当即回复："谢谢！常回母校！"然后她又发来她做的毕业典礼的视频，让我"欣赏一波"。"您是世界上最好的校长"这句话，我既当真也不当真。当真，因为是她说的，是她的感受和评价,而我很珍视学生的评价;不当真,是我觉得这句话相当于"世上只有妈妈好",是一句泛泛而谈的恭维话,我听得多了,从未放在心里。我没有必要去做世界上最好的校长,因为这既做不到,也太辛苦,还毫无意义。我是充满理想的现实主义者,不会干这种傻事,绝对不会委屈自己感动别人!

晓娴我并不熟悉,平时没有特别接触过,脑海里没有印象。她之所以要说我是"世界上最好的校长",源于一件有趣的事。

因为疫情,6月9日高考结束后学生继续留校,10日学校也没能举行毕业典礼。后经过论证以及周密部署,高三学生11日午后离校,只有十几位参加"强基"培训的学生继续留校。按疫情防控指挥部和教育局的要求,我们用大巴将学生送至芯云谷卡口,家长在那里接。学生的行李都留在学校,等学校举行毕业典礼,学生再回来取行李。那天,在学校、家长、学生及开发区有关部门的共同努力下,学生离校工作顺利完成。

当晚,我发了一条微信朋友圈:

今天下午总算顺利送别高三毕业生。此刻除了一位同学正在前往深圳的路上,其他同学全部安全到家。这届学生在校三年有两年半都在抗疫,校园生活影响甚大。我们本来要举行盛大的毕业典礼以弥补诸多遗憾,但没想到高考前一天疫情就在身边爆发,毕业典礼无法如期举办。我原计划要在西门和每一位家长握手道别以表达我们的歉意,也因同样的原因而告吹。我答应孩子们,一定会举行一次有史以来最盛大的毕业典礼以作告别礼,我想我们一定能如愿。今天中午,我乘第一班车送他们到卡口,直到送别最后走的婧雯同学,我和同事们冒雨在卡口站了整整三个小时。我和婧雯合影留念,约定毕业典礼再见。

发完这条朋友圈不久,高考结束后才加我微信的方煜杰同学给我发来信息:"校长大人,我的一个朋友,下午来不及搬东西,在教学楼留了两箱书。下午5点艾莫证(谟正)老师去看了,箱子不见了,不会是被物业丢了吧,或者是被转移了?"我回复:"那就搞不清了。我问问。"他回:"谢谢校长!

她说这是她三年的青春。"我问:"具体位置?"他回:"高三历史地理政治办公室楼下的楼梯口,在一楼楼梯转角。"过了一会儿又发来信息:"具体位置:靠近高三 11 班那边的楼梯口的一楼正门前。有两个箱子,一个透明、无盖子,有点破,一个绿色箱子,有盖子。校长,您真的很照顾我们 2022 届,我们好幸运!"我回复:"我让总务主任找物业看一下。"随后我将这些留言转发给了总务处炀宾主任,让他"问一下看看"。

大约因为那个时候正下着暴雨,一晚上他们都没给我回信。

稍后,有信息提醒我有人要加我微信,打招呼的内容是:"姚校长您好呀!我是那个箱子不见了的女生。"后面还有个哭泣的表情包。我立刻通过了她的请求。我回复:"我让他们找一下。"她留言:"谢谢校长!箱子里是高中比较有意义的书本和笔记,还有一些有纪念意义的卷子。两个箱子就整齐排放在一起。麻烦您啦!"我回:"肯定还没有来得及拉走,但不知道能不能找到。明天让他们仔细找一下。"她回:"太谢谢了!本来毕业典礼要找您要签名,可是因为疫情,没有了毕业典礼。"我回:"后面会有的。"她回:"拜托了,谢谢校长!找到了可以麻烦物业或者阿姨帮我搬到一个固定位置吗?不要淋雨就可以了。我返校填志愿的时候去拿。我今天走得太匆忙,让漠正(谟正)老师帮我去取,他到办公室时发现已经不见了。"我发了个"OK"的表情包。快到午夜的时候她又发信息:"啊!一着急忘记自我介绍了。姚校长您好,我是高三 10 班庄晓娴。"

第二天虽然学校只有十几位参加"强基"培训的学生,我还是一大早就到了学校。我从办公室直接到了教学楼,因为没有想过准确位置,所以在见到保洁员的时候便向她们了解,她们居然一头雾水。可能是物业负责人让巡逻岗来看的,他也没找到;也可能是巡逻岗压根没看;还可能是因为下雨,这个请求被耽搁在某个环节。但既然她们不知道,那我就自己找,按照晓娴微信所说,我很快在敏行楼 A 楼梯一楼入口处的立柱边找到了并排放着的两个塑料箱子,一个白色透明,没有盖子,一个粉红色箱子,有白色盖子,并无绿色箱子。我翻看了几本书,看到了"庄晓娴"的名字,知道这就是她的"两箱书",随后拍了两张照片发给了她,还留言:"这个吧?有你的名字。也不是绿色的呀。我看还在这里呀，原地不动，原封不动！"直到三个小时后，我才收到她的信息："是的！啊，我记错了。哈哈哈，我带回来的是绿色的，放在学校的是粉色的。谢谢校长！昨天谟正（谟正）老师去看后说没有，我还以为丢了。"我回："我早晨去找的。打开箱子看到你的名字。"她回："谢谢校长！麻烦您啦！那现在我的箱子还放在原来的位置吗？"我回："我让物业老师帮你收好了。等你下次来拿，不会丢掉的！"她回："好！谢谢校长！万分感谢！"我调侃："你将'谟正'说成'漠正''莫证'，人家谟正老师当然'漠视'啦。"20分钟后，她又发来信息："校长，真的感谢您！幸运的是我拥有您这么一个关爱学生、理解学生的校长！此刻我就是一个幸福的平凡人。"我回："不客气哟，举手之劳！"

一周后，我们决定在高考成绩发布后，于6月29日将毕业典礼和高考志愿填报指导会合并举行。因为家长要接送，同时要来帮助拉行李，势必要入校，我们就邀请全体来校家长一同见证孩子的毕业典礼，这是附中毕业典礼史上第一次邀请家长参加，并且首次附加举办成人礼。学校送给每位同学一本《中华人民共和国宪法》单行本，所有毕业生手持《中华人民共和国宪法》进行成人宣誓。2021届学生陈炫齐、赵嘉欣曾给我写信希望举办成人礼，2022届学生卢秀轩也曾口头和我聊过这个事。我一直觉得举办成人礼非必要，更反对引入机构操办，将在场师生和家长弄得痛哭流涕。所以，这次成人礼很简洁，以"宣誓"的元素代入而已。因为参加的人数超过千人，便第一次在体育馆举办毕业典礼，老师、学生坐在中间，家长坐在两边看台。

下午3:07，晓娴发来信息："校长，我来找了，没有。"我回："我问一下。"接着她就发来信息："找到了，校长，我让油印室老师打电话问了，有了。"我回："好的。"晚上9点我收到了那条"您是世界上最好的校长"的信息。

7月16日，已是暑假，学校食堂关闭，我中午只得回家吃饭。我已连续97天未回家吃饭。下午1:54，我开车刚进学校艺术馆车库，就听到微信提醒的声音，停好车，走出车库，打开手机一看，是晓娴的同班同学张晓琦发来的信息："亲爱的校长，我是不是有照片还在您那？我记得是在阳光下读书的，还有冬天的时候的照片，印象里有很多照片我没有收到。不急的，您有空发给我就行啦。"我回了个"OK"的表情包。2：06，我便从电脑端微信上发给她15张照片，10分钟后我又发给她20张照片。高三一年，晓琦绝大多数在敏行楼四楼平台上早读。我一般早晨7点前后巡堂到这里。这一年里，我俩在这个平台、这个时间点上至少见到200次以上，以至于我只出差一天她都能猜出。因为她专心看书，一般都是我先打招呼。通常是这样的，我说："晓琦。"她说："校长。"有时说："校长好！"如果有考试，我会和她聊几句。偶尔会给她拍张照片。后来想，她毕业的时候，我会将这些照片发给她，就建了个文件夹。那天能几分钟就将这些照片发给她，是因为电脑里有个命名为"张晓琦"的文件夹。

2022年8月2日

"校长，请我一顿呗！"

昨天午餐后，我顺便走到食堂边上的中国银行ATM，看看遮阳板的效果如何。正在拍照的时候，高一5班陆超（化名）同学走过来问，早晨取钱的时候，凭证打印出来了但钱没吐出来，会不会有问题。我让他查询，看卡里钱少了没有，如果没少说明一切正常，如果钱少了得给银行打电话申诉，因为有录像，也不会有什么问题。他随即插卡查询，看到钱并没有少。我说："你可以再取，如果有问题可以找我。"然后我就离开了。

我之所以要去看ATM外挡的遮阳板，是因为前几天有三位高一女生给我写了一封短信，反映ATM机位较高，强光照射特别是直射时，取款人看不清显示屏，不便操作，希望能在外挡上安装遮阳板。这个问题我早有发现，因为我多半是早晨使用，此时太阳比较低，常常是直射，我看不清屏幕，只好一手遮阳一手操作，但因为不常用，就没当回事，也猜测过银行是不是从安全的角度考虑，对透明度有一定要求，而且这么多年没有一个学生反映，所以我从未想过安装一块遮阳板。收到学生的来信后，我又去看了一下，觉得应该处理。随后交代总务处炀宾主任咨询银行，如果不违反安全规范，就加装一张遮阳板。没过几天，遮阳板就安装到位了。

我还没走多远，陆超从后面追上来，说："校长，请我一顿呗！我饭卡里只剩下4毛钱了。"他虽然取出了钱，但周六食堂充卡处不营业，他没办法充卡。当然，他还有两个办法，一是借用同学的卡，二是在食堂窗口先欠着。但他既然开了口，我当然要请他一顿，而且觉得挺有意思，挺欣赏他的胆量和解决问题的能力，便说："非常荣幸！我带你到教师窗口。"他跟着我走到教师窗口，点了两个菜，6.5元。我说："再点一个菜。我可是请你了，多少都是一顿。"他犹豫了一下，又点了一份鱼，一共11.5元。食堂员工知道情况后说："他可以欠着。"我说："不要，我请他，他好不容易开次口。"他说声"谢谢校长"，便高兴地离开了。

到办公室后，我发了条微信朋友圈，简单叙述了这个过程，还自我调侃："被'打劫'后居然还有一种莫名的快乐。"其实快乐并非莫名，主要就是对学生遇到困难的时候能主动寻找解决办法而感到高兴。因为并非所有学生能够这样做。这条朋友圈配了三张图片，前两张是我和食堂经理的留言截图，第三张是我拍的ATM的照片，照片里隐约能看到的人影是陆超。

第一张截图的内容说的就是类似的事。那是2022年2月22日中午12:34，我给食堂经理发的："林经理好！中午在食堂看到一个小女生只拿了一小碗米饭，没有用餐盘，没有菜、汤，我问为什么只吃干米饭，她说'忘带餐卡了'。我将自己的餐卡给她，然后说我在那儿等她。她接过餐卡，一看人多，怕耽误我时间，就不肯去买。后来我带她到教师窗口给她买了两菜一汤。我要说的是，无论师生中谁忘记带餐卡，都要让他们先吃饭。饭费欠在那里，过后再还，不还也没有关系，毕竟少之又少。可能我们也是这样做的，但宣传还不够，最好做个提示语。我这边也跟班主任打个招呼。"林经理回复："校长您好！我们食堂一直都遵照您的指示，不管同学有没有带餐卡，还是餐卡钱不够，食堂都是先让同学们吃饭，过后再还。可能有些同学比较胆小，不敢说，今后食堂一定加强这方面的工作，让家长满意，让学校放心。"我回："学校这边也宣传不够，没有经常讲。"这是完全可能的事，学生不见得都知道。他又回："我马上给员工开会，把您的指示再传达下去，并认真执行。"我回："不是什么急事，过后打个招呼即可。"我觉得这是个常规工作，用不着兴师动众。

第二张也是事关食堂就餐的。那是开学后不久的9月16日发生的事。早晨我在食堂就餐的时候听到远处有餐盘掉落的声音，但因为比较远，我又赶着去巡堂，同时也觉得自己有反复交代，应该不会有什么问题，便没有过问。上午突然想到这个事,在 10:25 时还是给林经理留言:"林经理好!我记得以前给您说过,如果有学生不慎餐盘掉落,导致饭菜洒落地上,除请员工及时清扫外,再免费送一份,不知落实得怎么样?员工是否知道这种做法?当然,不在视野范围内或不知道的又或学生不愿意的另当别论。"他回:"校长好!食堂员工一直按照您的指示执行,但是有些同学比较客气,要求自己再刷卡。"我回:"那就尊重他们。"

这条朋友圈很快得到很多朋友的点赞和留言。其中有位家长的留言让我觉得自己的担心并非过分。留言是这样的:"姚校长,这真是您的有温度的教育最美、最好的示范,也为陆同学的灵活应变和胆识点赞。今天看到这则故事,我想起几个星期前在班级群里看到的一位家长发的一个视频:高一某位新生因为饭卡丢了,不敢向同学借,不敢跟家人说,也没有向老师求助,而是自己一个人默默吃了四天他妈妈给他带去的干粮。四天后,孩子妈妈查看饭卡消费记录,发现孩子连续四天没去吃饭,打电话问了孩子后才知道真相。从视频中可以看出他妈妈的情绪几近崩溃,我也为这孩子心疼了一把。不过,让我感到特别疑惑的是,如果家长没发现,这孩子要隐瞒多久?同时,让我感到难过的是,当今,过度养育与对孩子的过度保护,剥夺了孩子们在生活中学习成长的机会,从而导致很多孩子在遇到问题的时候不知道该怎么办。作为父母的我们真的要好好思考,我们给孩子带来了什么?"我回复:"有这种事?这是个鲜活例子。卡丢了可以去挂失,然后换张卡,钱还在里面。"我后来在另一条朋友圈里说:"昨天中午被陆同学'打劫',我在朋友圈里说有一种莫名的快乐。快乐何在?恰在'打劫'这件事上。遇到困难时能找到合适的解决办法,是很重要的能力。我给食堂经理的留言中就说到有学生'吃白饭',而家长留言让这种情况再次得以印证。成人眼中的'小事'可能就是孩子心中的'拦路虎'。老师应当'明察秋毫'!"道理就这么简单。我相信大多数朋友赞成我这个观点。

令我没有想到的是,这条朋友圈被附中毕业生广泛转发,我收到很多校友的留言和截图,我那条朋友圈的截图也被转发到各个微信群和社交平台。留言多是表达对附中的怀念,亦不乏对我本人的溢美。诸如:"很难不泪目。""姚校长，我的超人。""在附中真的很幸福。""大学第一条空间给姚校。""你们的校长真好。""真好啊，早就有所耳闻了。真的好有人情味。""离开了就会想念的附中和最好的姚校。""日夜想着离开附中，最后也有日夜的思念。""突然扑面而来的思念。""有幸在附中度过了四年的幸福时光。""遇见附中，一直是我的幸运。""想回到过去，试着让故事继续。"

后来知道，2022届林钤韪同学在我的朋友圈发出去20分钟后就转发了，并且写了这句话："有些幸福，往往来自于平凡的生活。"引来众多留言，有多位校友截图发给我：

2022届叶璟臻：校长，您请陆同学吃饭的那条朋友圈已经在我们同学之间转发了一天一夜，而且还在继续。大家都表示想念附中的老师们。附中是永远的家，大家都很想回去。

2022届吴蔚佳：姚校长好！虽然离开附中仅有短短的三个月，但在我心里好像过去了好久。最近越发地感受到大家所说的，上了大学会怀念高中的生活，也很想念您——最和蔼、最会为孩子们考虑的敬爱的姚校长！我期待着校友返校日能快点到来，盼望着和您、和附中的重逢！

2022届阮元元：校长好啊！来到了大学，发现附中和大学的差别只有高考，很怀念在附中的生活，怀念放学后和同学们一起去操场跑步的时光。

2022届江婧瑜：尊敬的姚校，您好！我是2022届高三10班的江婧瑜。2016年，我第一次踏入美丽的附中校园，2022年高三毕业，走出校园的那一刻，一步三回头，脑子里回放着我和附中的点点滴滴。

记得刚上初一的时候，夏天在食堂吃饭时总会为天气炎热而发愁，风扇下的位子又比较少。等到初一的暑假，学校就在食堂安装了中央空调。那年，我的QQ空间里洋溢着喜悦。而现在，初中部教学楼也已经全部安装好空调，相信学弟学妹们也跟我当年一样，感谢学校为附中学子所做的一切。高一下半年正值疫情，学校为我们提供了教育资源，并安慰我们，给予我们信心。高三阶段，学业压力愈来愈重，学校也给予了高三学子很多关怀。心理放飞活动、考试后一次次的谈心，让我们鼓足勇气继续前进；食堂为高三学子开设了炖汤窗口，让高三学子既暖胃又暖心；距离高考100天时，学长学姐拍摄了加油视频，临近高考时学弟学妹加油墙上写满了祝福，都让附中学子感受到心灵的慰藉。

附中人美景也美，瀑布、长廊、国际大草坪上的红毛草……在附中度过我人生中重要的六年，我很幸运，也很幸福。感谢附中，为我六年的中学生活留下了独有的浪漫。

悄悄告诉您，我有一个梦想，就是回到附中教书。附中老师寓教于乐、融教于趣、化教于心，每一位老师都非常享受课堂上的点点滴滴，这让我深深地认为，投身教育事业是幸福的。虽然今年高考分数不尽如人意，但我有决心在大学磨炼我的专业知识，好好考研。愿有一天，我可以将白色校徽替换成红色校徽，成为"附中红"的一分子；愿有一天，我能以新的身份漫步在美丽的阶梯校园里；愿有一天，附中讲台可以有我的身影。

最后，愿姚校身体健康，阖家欢乐，工作顺利；愿我爱的附中越来越好。

2022届林佳萱同学： 昨天晚上在QQ空间刷到了校友截图的您的朋友圈，真的非常想附中。我真的会永远对附中的人和事热泪盈眶。每一个附中人都在努力让附中更温暖。校长写的"理想国"，我觉得就是附中的真实写照。没有哪个地方像附中一样可以让我的梦想肆无忌惮地生长，没有哪个地方像附中一样会让我知道其实自己也能闪闪发光。因为附中我才变得勇敢，因为附中我才变得热烈。

高三很苦很累，但是我真的很怀念，我怀念和三两知己的无话不说，怀念同学彼此并肩作战。我永远感恩附中给我造梦的机会。第一次参加辩论赛、第一次加入社团宣讲、第一次表演、第一次看到日环食、第一次在零点听到热烈的新年祝福、第一次喊楼、第一次拿下奖牌，附中的晚霞、附中的月亮、附中的云、在食堂天台吹过的风、从生产基地摘来的向日葵、九思广场的凤凰花，附中给予我的太多太多了。虽然只有三年，在附中的时光也是我行至今日最难忘的三年。看大家分散在天南海北，仍抱有同样的思念和感动,就像是我们还在运动会上为长跑运动员加油,在篝火晚会上大合唱,还穿着纯白色的校服。上了大学才明白,纯粹而简单的幸福越来越难得,所以我更加想念附中平凡的幸福。

千言万语道不尽,总之,希望褪去纯白校服的我,能和在附中时一样永远真诚、勇敢、热烈,做一个幸福的平凡人。

2022 届陈琪莹:校长,我真的好想念您,很幸运可以进入厦大附中,可以幸遇您这样的校长,太谢谢您了!

2022 届韩佳惠:亲爱的姚校,早上好。我也不知道为什么我昨晚和今天看完朋友圈和 QQ 空间后,发现大家都在转发 ATM 的故事和其中隐藏的温情,还有很多同学在表达对附中的思念和感恩,当然也包括我自己。难道是最近进入了"思乡季"吗?附中是吾乡,我此刻心中所想便是此。

2022 届的张俊伟和蒋宇杰也发来多张不同网络平台的截图。

2022 年 9 月 25 日

▌补记

10 月 14 日中午在食堂吃饭,我正在和几位老师以及高一 5 班的曾蓝齐讲话,陆超坐了过来。我一看他只拿了一碗饭,上面浇了点菜汤,便问他怎么光吃米饭不买菜。他说饭卡丢了。我说丢了可以挂失重新办一张呀。他点点头,说看看会不会有人拾到。我不假思索地从兜里掏出饭卡给他,让他去买菜,他高兴地拿去了。他离开后,蓝齐告诉我,他是他们班里的"大师",会"卜卦算命"。我说那不是大师,是大忽悠。我吃完饭,等他买菜回来,过了一会儿,他回来了。我一看,菜挺丰盛的,他说 25 元。我仔细一看,三个荤菜和一个瓦罐汤,应该不便宜。我的午餐消费从未超过 15 元,多数是 10 元以下。25 元是我通常午餐的近三倍了。送餐盘路过充卡处,问了工作人员,他的卡确实登记在挂失本子上,但工作人员已记不清他是何时来挂失的。似乎有些蹊跷。回到办公室,我又担心他是不是有什么困难,于是让食堂查一下他最近的消费记录，虽然消费 25 元的只有一次，但总体消费还是比较正常的。他大概就是那种不拘小节的孩子。他的卡昨天到今天都没有消费，大概是前天丢的，不知道丢到什么地方去了。中午吃过饭后，他去系统里挂失了，下午补办了一张卡。

"校长,我想请您做我的朋友可以吗?"

一天傍晚,我和太太吃完饭走出食堂,一个男生走过来对我说:"校长,我想请您做我的朋友可以吗?我不会耽误您太多时间,我只想做您的朋友!"我说:"当然可以!我非常愿意!我会请你到我办公室聊天的。"我们站在那里聊了一会儿。他叫曾新华(化名),是初三的学生,家就住在学校西边的御龙湾小区。回到办公室,我查看了他的学习成绩,这次期中考试他排在班级第3名,年级第51名,是我能查看到的他在初中14次考试中最好的一次。这个成绩还是不错的,他考进附中高中部没有问题。第二天午后放月假,月假过后的第一个早自习,我巡堂路过他们班,和他聊了会儿。隔天路遇,又聊了会儿。我说:"你能主动和校长交朋友,说明你的社交能力很强,这种能力非常可贵。"我狠狠夸了他一番。2022年中考,新华如愿考上附中高中部。

一个周六的早晨,我在高中部楼下遇到高二的许多(化名)同学,她递给我一封信,我问:"有急事吗?"她说:"没有,您有空再看。"然后我们告别,我到食堂吃饭,她到东门集合去嘉庚学院上通用技术课。我一边吃饭一边看信,看了几行便按捺不住,匆匆吃完饭赶到东门,她和同学还没出发,我和她先聊了几句。知道他们晚上回来比较晚,便对她说:"今天如果没有时间,后面我会再约你。"

她在信中说:"最近在拜读您的《让教育稍稍有点诗意》,说不上是什么原因,读着读着就热泪盈眶。我想,或许我也可以找校长聊一聊,那些不曾暴露于太阳底下的,那些深埋于内心深处的。于是,一个找您说说话的念头在我心头萌发。但是因为时间等客观因素的限制,这个想法只有一拖再拖。

而随着阅读的不断推进，我愈发迫切地想见您。"然后她用很长的篇幅描述了怎么恰到好处地去找我，甚至"我曾多次模拟与您见面时该如何开口、如何打招呼、如何切入话题"，最后想到了写信。她在信中写到要和我探讨的是两个问题：一是如何和不友好的人相处，二是怎么理解"做幸福的平凡人"。信的最后说："写下这封信还有一个原因，您说有校友亲切称您为'姚爸爸'，我有些好奇，又有些惊喜。为什么？因为我的童年记忆中有一个位置一直空缺，那便是父亲。我想知道有一个像您一样的父亲是什么感觉（母亲后来结识叔叔，二人结婚，但他没有爸爸的味道），所以我才那么渴望和您聊天。"看到这里我流泪了。

我在 2021 年 12 月 12 日的工作日志里有一段记录："早晨在高中部教学楼，高二许多同学递交一封信。早饭后在东门处找她聊了几句，她还在排队准备到嘉庚学院上通用技术课。傍晚我们在 3 号报告厅长椅上聊了 20 多分钟。"当然，这以后，我对她就多了一份关注。每天都会照面，见面我会喊她的名字。

学生找我往往是下了很大决心的，所以我从来不会怠慢他们。并不会出现全校的学生都找校长聊天的情况，也不会有那么多的学生给校长写信。虽然我为此要付出一些精力，但还不至于应接不暇。我之所以来者不拒，是因为我经常思考这样的问题：孩子能否找到倾诉的对象？教师、家长愿意倾听他的心声吗？孩子有没有宣泄的渠道？

两个月前我写了《别忘了，我们曾经都是害羞的孩子》，我在文章中说，我们大多数人在年幼时或多或少有些害羞，或者大都有一个害羞的时段。当我们成年后，我们忘记了自己曾经也是一个害羞的孩子，以为自己天生就是个大大方方、有很强心理承受力的人。当然，也有些人是从小就不怕人的。中小学老师俗称"孩子王"，是和孩子打交道的，特别是小学老师，接触的是少年、儿童，学会蹲下身子、用儿童视角看问题非常重要，一张嘴、一举手、一投足都关系到孩子的健康成长，不能不万分用心。

2020 年国庆假期后的一天，午饭后，我从食堂回办公室，路遇三位并行的女生在聊着什么，我发现中间一位女生似乎在流泪，便走上前问她怎么哭了，她说她做不好操。我说做不好就别做，用不着哭，我请老师和同学教她。她说教也教不会，又说不会做老师会罚，可是罚了她还是不会做。我实在想笑，只好宽慰她，这个操确实不好做，我也做不了，但我一定请老师和同学教会她。她又哭着说教不会。我说："不会的，你太紧张了，满脑子'不会'，赶不上节奏，放松一点就行了。"她还说"不会"，我说如果真的学不了，我会找她的老师，不让她做操了。问她哪个班的她还不肯说。同行的学生说是高一某班的。所谓做不好操，根子还是心理问题，孩子们太过紧张焦虑了。我回到办公室的第一件事就是找她们的年段长和班主任，分别给他们留言："赵老师好！刚才在回办公室的路上，遇到一个女生边走边哭，我一问是您班上的。她不会做广播操，做不好。我说不会做就不做，她说不做要挨罚。她还说问题是认罚还是不会做。我觉得挺有趣的。我想还是让同学帮帮她。给她一点时间，不然越紧张越不会。确实有人跟不上节拍。我给钱老师也说说，实在不行，广播操比赛时个别学生就别上场。您看呢？别批评她，她不肯说是您的班的，是别的同学告诉我的。"

赵老师回："好的，谢谢您！这个我还不知道呢，也还没讲广播体操比赛的事。"我回："没事。孩子可能很上进。搞不清叫什么。三个同学一起。"年段长钱老师回复："我跟其他班主任和孙老师也说一下，特殊情况特殊对待。谢谢校长提醒！"

傍晚，赵老师又回复："姚校长，您好！经过了解，那位同学是从外校考来的诗怡（化名），确实是一个乖巧上进的女生。初中时她没有什么大课间活动，协调性有待加强，广播操的跳跃运动一节做不好。她越想做好就越紧张，所以总是出现问题。体育老师上课的时候罚他们多做俯卧撑，她因为想到影响了同组同学，有些难过。今晚她还说明天会主动找体育老师，增加训练，战胜难关。我也跟体育老师联系了，相信他们之后会协调好的。"

我回复："我们帮帮她！"后来我就没再过问。因为当时根本就没看清她的长相，加之她进校才一个月，所以我连诗怡的名字也没认真记，以至于认识诗怡后也未曾将这"两个人"联系在一起。上周三的中午，我在到食堂用餐的路上，在几乎同一位置上碰到了诗怡，我突然觉得两年前"那个"女生就是诗怡,便对她说:"诗怡,两年前那个哭着说不会做操的女生是不是你?"不等我往下说,她就说:"校长您还记得?您知道是我?我本来想等到毕业的时候给您写封感谢信,您的鼓励和帮助对我太重要了。"因为和同事同行,就没有多聊,只是鼓励她快乐学习,高考取得好成绩。当然,其实每天我们都不止见一面,但我不想为此事再打搅她。

很多时候我们帮学生并不需要在物质上付出什么,无非是在情感上给予更多关注,带给孩子一点"爸爸的味道"而已。

2022 年 10 月 23 日

"校长，我可以回附中实习吗？"

2023年6月21日晚上6:22，有位高中2020届校友要加我微信，打招呼的内容是："校长您好，我是2020届毕业生叶舒颖（化名），现就读于××师范大学生物科学师范专业，有些事情想和您商量一下。"因为是校友，而且找我有事，我随后添加了她的微信。

晚7:23，她给我留言："姚校长您好，是这样的，我是××师范大学生命科学学院生物科学师范专业的叶舒颖，近期正在选择9—11月份的实习学校，但是学院内没有与漳州合作的学校可供我们选择，给了其他八所中学让我们选择。而这些学校优先选生源地的学生，所以我们漳州、厦门的学生被各个学校'踢'出来，最后好不容易挤上了名额，去到想去的学校，原本已经确定好了，但又被学校'踢'出来。他们只留了本地的学生，我们又委屈又无奈。我们专业共有117名学生，其中漳州、厦门的学生加起来有28个，我们像皮球一样被踢来踢去。很希望能有漳州的学校和我们专业合作，给我们一个实习的机会。校长，我可以回附中实习吗？与我同专业的还有另外两名厦大附中的毕业生，我们都很想回我们亲爱的附中实习，不知道能不能有这个机会？"我回复："附中的毕业生回附中实习没有问题，母校愿意为你们提供帮助。放心！"她回："谢谢校长！您真的是我们最坚实的依靠。我和我们学院对接一下，了解如何回附中实习，等对接好我再联系您，非常感谢校长的支持！"我回："不要客气！宿舍会免费提供给你们住。就当回家！"她再回："我们永远会为附中热泪盈眶！"

一周后，6月28日上午，9:18，舒颖给我发来下面的文字：

姚校长：

　　您好！

　　我向学院发起的自行组队回母校实习的申请被驳回了。学院给我的要求是：一是学校生物教研组强，二是10个人为一组，三是校长是我的父母或者我的父母在校任较高职位。而这最后一句话让从厦大附中毕业的我哑口无言。可能我们被附中"宠坏了"，认为学校会为学生着想，会在饮水器坏了的隔天就维修好并持续跟进，会有慈祥的校长为学生的特别需求而为宿舍床加高围栏……对比之下，我更加怀念我的母校，也更感谢我的母校。

　　我自2014年进入附中到2020年从附中毕业，这六年里，我看着附中一日一日变得更好，也在这所美丽的校园里逐渐感受到校园的人文关怀。和校长跑了六年的环校跑，见证了台风后第一次篝火晚会的诞生，在每日的早读和晚自习都能看到校长从窗前经过，还有那为我们而留的铺满落叶的小道。从附中毕业，是一件让我十分自豪的事情！上了大学后，我也时常与我的同学们分享我的母校，分享在厦大附中发生的一件件温暖人心的事迹。在我初中的一堂语文课上，语文老师提起信仰，她说"我信仰共产党，还有一个信仰就是校长"。当时的我还不理解信仰的意义，我想我现在懂了。我从来没有过当老师的想法，而从附中毕业后的我却想成为一名老师，因为我向往这样的校园文化，向往这样有人情味的校园生活。在此，我想向厦大附中再次表达我的感谢！是附中给我勇气和底气，让我在面对不公时争取自己的权利，是附中在我委屈无处诉说时对我说一句"回家"。尽管最后还是不能回母校实习，但我要再次表达我对您的感谢！给您添麻烦了！

　　我当即回复："还有这事？我们生物组很强呀！无论是学科竞赛、高考成绩还是教师的技能竞赛，我们在全省都名列前茅。10人一组那得学校出面，不能让学生担责。最后一条最荒唐。以后但凡需要母校效劳的尽管说，母校一定尽力！"她回："是的，我也一直和校方说明附中真的很厉害，但实在被这最后一个要求震惊到。感谢母校！感谢姚校长！"

　　显然，他们学校否决他们申请回母校实习的三条理由都不能成立。选择实习学校还要论其强弱？何谓强？何谓弱？这所学校的管理者，您觉得你们的毕业生将来会到什么学校任职？这背后暴露出严重的教育观问题，甚至可以说完全不懂教育！"10人一组"可以理解，但这就是有组织的实习，应当由学校出面联系签约而且得有人跟班。现在这些孩子不是没地方去吗？第三条我不予置评。但这些都不重要，重要的是学校有责任、有义务，自始至终安排好这些学生实习！让学生实习无门，大学就应该关门！

大学怪象我不想讨论。我曾经发表过《端正大学学风究竟靠谁》《学校行政科学化是"去行政化"前提》《大学岂可自视为"象牙塔"》等文章，谈论大学治理的相关问题。令我失望和不能容忍的，不是大学的学术水平对不起纳税人，而是日益严重的衙门作风、官僚主义以及由此派生出的稀奇古怪的形式主义。

下面这件事也让我每当想起必如鲠在喉。若非亲历，我是绝对不会相信的。

2月14日下午3:54，我收到高中2019届毕业生叶词选（化名）的微信留言：

校长您好！

我是附中2019届毕业生叶词选，现就读于××大学法学专业，是大四应届毕业生。现在遇到了一个问题，向您咨询解决方法。我的本科毕业照和我的高考录取照片比对不通过，一个原因可能是当时录取照直接用的是身份证照（应该是咱们福建或者咱们附中所有同学都直接用身份证照，当时没有组织拍照），导致我的身份证照比较像小朋友，和现在区别有一点大。另一个原因可能是照片太糊了。现在我的学校××大学本科生院的系统识别始终无法通过，无论我提供的照片是在学校统一拍摄的还是自己提供的。学校想让我联系省招办，看能否更换录取照片。

词选就读的是一所著名高校。

随后他发来五张手机截图，是他和大学老师沟通申诉的留言，总之就是两层意思：一是比对通不过，也就是他"不是他"；二是请原高中学校想办法在系统档案材料里更换照片。接着又发来某网站上他的录取照片和毕业照片。说实话，这两张照片让我看也觉得不像。一个是十三四岁、着运动短衫、留着板寸头发、一脸婴儿肥的少年，一个是穿衬衫、打领带、面相英俊的帅小伙，确实无法联系在一起。问题是，某网站上的照片就是他现在仍在使用的身份证上的照片，他用身份证乘飞机、坐火车，从未出现过问题。"他"到底是谁？俗话说，没有金刚钻，不揽瓷器活。某网站既然搞不定，就得有变通的措施，大学既然信任某网站甚于自己，那就得有解决的办法！

词选问我："之前有学长学姐遇到过类似问题咨询过校长吗？校长或者咱们学校管理学籍学信档案的老师知道如何取得相关部门的联系方式吗？我现在提供近照都无法识别通过，本科生院的老师认为是录取照片清晰度太低导致的。"词选又发来一张手机现拍的身份证上的照片，留言："这是我用手机拍下来的当时身份证的照片，可能清晰度提高以后就能有效解决问题了。打扰校长了！但事关毕业问题，特求您的帮助。我通过教育考试院上的咨询电话拨打123456789，始终无人接听。××网公众号上的人工咨询还未回复，实在没有更好的方法。"

我回复："我让他们咨询一下。以前没有听说过此类事，我教了40年书也是第一次听说这类事。一个学生在学校读了四年书，回头要用现在的照片替换当年档案上的照片才能证明自己是自己，简直是天大的笑话。你别急，我问一下，但可以肯定的是，让考试院换照片几乎没有可能。××大学要有疑问，当年录取时就应该质疑！"我又补了一句："你们老师应该帮你解决！"其实我心中还有一句话未说："你是学法律的，告他们去！"他回："校长好，谢谢您抽空回复！我现在在网上检索，发现许多学校的学生在毕业季都会面临这样的问题，应该不止××大学一所学校。重点在于录取照片的选择过于草率，当时没有统一的采集过程。我们老师说最后也能通过其他个人层面的保证或者验证解决，但是录取照片不更改，在本科毕业证上的比对就仍然会遇到这样的问题，所以让我联系看看有没有办法从根源上解决录取照片的问题。现在是电脑的机器识别不通过。"我回："我刚问了一下教务处老师，他们说没听说过这类事。我等会儿也咨询一下考试院。问题不在这里！

机器比对不上不奇怪,但人不是机器!你们老师教了你们四年,不能证明你是你,这才是问题的关键。"他回:"是啊,按理来说规定是死的,人是活的,既然机器比对不通过,人工手动通过就可以解决了,不晓得为何把压力和任务给到了学生这边……谢谢校长,如果您咨询考试院得到了有效回复,劳驾告知。"我回:"我请人问一下考试院信息处。等有信息再向你反馈。"他回:"谢谢校长!"

我随后联系朋友,经过协调,考试院给出了一个流程:(1)通过学院向学校教务处提出申请。(2)××大学教务处出个函,说明情况(包括学生信息等,特别是身份证号,如果能找到当时的考生号更佳),提出改高校录取照片的诉求。××大学教务处来函的主送单位全称为:××省教育考试院。(3)寄送到考试院,经办的人收件,受理,提请领导批完,系统上变更。随后附有联系人、联系电话。朋友说:"寄出快件后,单号发给我,收到后我找人去催办。考生号我帮你查到了。"考试院同意按程序修改,出乎我的意料,这几乎让我喜出望外。我立即转发给词选,词选回复:"太谢谢校长了!我现在马上向学院教秘反馈。"

2月22日中午12:15,词选留言:"校长好,抱歉,大学那边给出的答复是无法特殊开函,只能通过备案程序证明身份。"我完全无法理解"无法开函"。问题出在大学却让他人担责,学生读书四年最后发现竟然不是"自己"在读书,还要让别人来证明,学校连函也不愿意发。说白了,就是启发学生通过"关系"来解决!词选随后发来一张他们老师留言的截图:"同学,这个只能走备案程序,然后本科生院备案即可。目前我们两边同时准备材料。我列出你需要的内容:(1)你需要联系你的高中,给我们一个高中的学籍管理部门的联系人和联系方式,本科生院好发函过去。网上找到的号码通常都打不通。(2)录取名册需要你去学校档案馆调。(3)学生信息核实表是你自己填,学生签证(字)盖章。(4)确认你的户口是否迁入××大学,如果迁了要有迁入证明,没迁入的需要保卫部开具未落户证明。(5)户籍证明及当地派出所所出具的不同时段补办身份证的时间及图像。"词选说:"现在需要高中学籍管理部门联系人和联系方式,以及附中是否还保留着我(2019届)的高考报名表。"我回:"等下午上班后我来找教务处。报名表只要是在附中就都会保留的。大学真的让我很失望!你也不必着急,总会有办法的。"他回:"好,谢谢校长!上了大学才知道以人为本的教育理念往往很难得到实践。其实很多事情可以不让学生焦虑的,比较形式化。"下午 3:30,我将他要的信息发给了他并告诉他"报名表随考生档案,应该在你档案里"。

2月28日下午5:58,我给词选发信息:"词选好!事情办得怎么样了?要么了解一下 ×× 大学教务处负责老师的联系电话,我这边请考试院直接和他们联系。"6:22,他回:"校长好,谢谢您的关心!现在估计是确认走备案程序了,可能不需要考试院介入。等我填写一些学生身份核实信息表后,学院可能会发函给附中证明我的身份。谢谢您的关心!有新的要求和进展,我一定第一时间询问您!"

3月6日下午4:36,词选发来信息:"校长好,开学一周一直在为能顺利毕业而奔波。最后发现并不是学院或者学校强人所难,归根结底是省教育厅甚至是教育部因为学历造假的前车之鉴而对备案所需材料进行了严格要求。虽然本质是尽可能规避学历造假,但确实也有些不考虑学生本人去操办这些事项的现实性和难度了,毕竟层层压力最后只会由学院转给学生。""校长好,估计 ×× 大学本科生院这边会发函给钟主任。"我回:"好的。我会提醒钟主任,他知道的。"他回:"确实给老师们添麻烦了,希望暑假能和同学们一起回附中。"我回:"不客气!欢迎回附中!"

3月10日,词选再次发来信息:"校长,滑天下之大稽的事!"然后发来两张留言截图,是学籍办李老师和他的留言。

李老师:"同学,你好,我刚查看你的学籍的时候,你入校后拍的照片和你的录取照比较接近,我在 ×× 网比对了一下,通过了。就是右边的这张蓝底照片。"然后李老师将这张照片发给了词选。李老师:"我把这张照片发给你,等毕业时候打印这张照片,贴在你的毕业证和学位证上。"词选:"那最后用的是这张照片吗?也就是说之前统一采集但是比对不通过的照片就不再用了?"李老师:"对,之前的那张学历照不用了。"词选:"好的。那我们之前的备案材料还需要吗?现在更换了一张照片直接比对通过了是吗?"李老师："不用备案了，我们也不用给你中学发函了。是的，直接通过了比对。"

我不知道大家明白了李老师的话没有。简单地说，就是李老师从词选学籍表中找到一张四年前入学时拍的照片，比对通过了。这奇怪吗？不奇怪呀，毕竟过了四年。老师用当年的照片和"当年"的照片比对通过了，还欢欣鼓舞，好像发现新大陆了，早干什么去了！最后的结果是，词选拿到粘贴着和自己不怎么像的照片的毕业证和学位证从××大学毕业了。但愿用人单位不要如此愚蠢地"较真"！

词选随后发来信息："哈哈，最后跑了各个不同场所开的户籍、学籍证明都用不上啦，用一张和现在'不那么像'的照片我就可以不用备案了。这段时间辛苦校长和各位老师费心了。"我回："不客气！"

从 2 月 14 日到 3 月 10 日，我抽空做了一件"伟大的事"：陪他们扯皮。

2023 年 7 月 11 日

"我想考国防科大"

2022年7月14日早晨，我收到2022届高三1班周隽涵同学发来的短信："校长您好！我是隽涵。我被国防科大录取了。跟您报个喜，顺便，去拿毕业证书的时候我去找您拍个照。"我立即回复："太好了！如愿以偿！热烈祝贺！期待合影！"一连用了四个感叹号。隽涵是附中建校以来11届毕业生中第二个通过高考考进军校的女生，是国防科大今年在福建招收"指技（指挥技术）融合类"的唯一女生。

这里需要将时间往前推到2021年12月17日晚自习。那天晚自习，我照例到教学楼巡堂，走到高三1班的时候，隽涵同学递给我一封信。我问隽涵："是不是有急事？"她说："没有。"我说："没有的话我等会儿回办公室看，明天再给你答复。"她说："好，不急。"为了给大家留下深刻印象，我全文照录这封信。

敬爱的校长：

您好！

我写信是想向您咨询一些关于专业的问题。

大约一年半前，我想考国防科大。因为小时候觉得军人很酷，有过硬的身体素质和高尚的道德修养，所以，长大后开始慎重考虑。

军校招生要求很多，目前我最不符合要求的有三点：眼睛、身高和成绩。（本书作者注：说实话，当时，看到这里我笑了，这三点"不符合"还上啥国防科大呢？）关于眼睛，我打算寒假去做手术，明年去复检视力。成绩要求至少 630 分。虽然我与 630 分还有几十分的距离，但我不太担心，这毕竟是一件努力了就可以做到的事情。每天上午、下午和傍晚我几乎是第一或第二个到教室的。相信最终一定可以达到成绩要求。

但是，最大的问题是身高。高考体检时我是 159 厘米，但那时体检较为草率，我应该能堪堪达线。军校要求是 160 厘米，但是特殊军种要求女性 165 厘米、男性 170 厘米。在剩下的半年里，我会尝试各种办法，如吃中药、勤锻炼等。

但现在我已经 17 岁了，倘若骨骺线还未闭合，最多也只能再长高一两厘米，离 165 厘米尚有一段距离。所以我想问您，男生有破例的情况，那女生有没有破例的情况？往年有没有能破例的情况？或者，如果您知道能够使人长高的方法，也请告诉我。

其实我未必去特种部队，这件事事关重大，需要和家人慎重商量。但是我想的是，我要让我有能主动选择的机会，而不是被动地选择。事在人为，不努力才会留遗憾。我会尽力提高我的耐力和力量，努力让自己能够成为那个例外。不过要是有先例，我想我能更有针对性地去准备。

感谢您百忙之中抽出时间来看我的信。如果您愿意帮我询问相关事宜，我将不胜感激。

阅毕，我立即在脑海里搜寻答案。增高的"方子"我肯定没有，所以想都没想。当时，在我印象里，附中高中 10 届毕业生中没有一位女生上军校。至于有没有上国防科大的男生，我也没有什么印象。最后查询 10 年录取情况登记表，只看到有一位 2016 届的同学录取到国防科大，而我一时联系不上他。（后来查询到 2020 届的方舒纯同学考入海军军医大学，舒纯应该是附中第一位考入军校的女生。）也就是说，隽涵提到的问题我无法立即给出答案。但那一刻我只有一个想法，就是要帮助她！她提出的疑问我最终都能找到确切的答案，但我觉得答案确切与否并不重要，重要的是从精神上支持隽涵。

第二天一早我就到教学楼找她聊。首先我肯定她献身国防、报效国家的崇高选择；其次我给她分析，国防科大的专业有很多，非指挥类专业对视力的要求未必那么严格,而她的身高也基本符合条件。我更欣赏她奋力追求理想的信心和决心,相信她一定能在最后的半年里取得更好的成绩。同时,正因如此,我不赞成她用吃药和手术的方式来提高身高,还是顺其自然为好。万一高考上不了国防科大,大学期间或大学毕业后仍然可以选择从军。轻松备考,殊途亦可同归。那天上午,附中2013届毕业生、现在北京某重要军事单位任职的林斌校友从我的朋友圈中得知这个情况后,立即帮我了解相关信息。他告诉我,国防科大主要看成绩,对视力和身高的要求都有弹性。我随后又找到隽涵,告诉她,她的视力和身高都不会有问题,全身心投入复习迎考当中,取得好成绩即可。因为这件事,从那以后,每走过高三1班教室,我都要多她看一眼,但她全神贯注,我们很少四目相对。

理想和信念的力量到底有多大?我查了隽涵从高二期末考试到高考共10次大考的成绩。2021年12月17日那个傍晚之前的四次考试成绩是这样的:2021年7月高二期末考试,588分;2021年8月开学考,559分;2021年10月月考,579分;2021年11月期中考试,569分。所以隽涵在信中说离630分还有几十分的差距。2021年12月17日之后的五次考试虽然也有起伏,但有三次超过600分,其中2022年3月份市二质检成绩为626分,已经接近630分。第10次考试,也就是高考,隽涵最终取得635分的优异成绩,这是她之前从未触摸到的高度。用她自己的话说,她赢得了"主动选择的机会",如愿考入国防科技大学。真可谓如有神助。

世界上有神吗?说有,谁也没有见过;说没有,为什么能取得看似超出自己能力所及的成就?说到底,神就是自己。在被问及是否有被"看不见的双手帮助"过时,神话学家约瑟夫·坎贝尔回答:"那真是神奇的时刻。我甚至形成了一种迷信——世上确实有看不见的力量在帮我——只要你跟随自己的天赋和内心,你就会发现生命的轨迹原已存在,正期待你的光临,你所经历的正是你应拥有的生活。但你能感觉到自己正行走在命运的轨道上,你会发现,你周围的人开始不断地给你带来新的机会。不要怕,听从你内心的召唤,当你迷茫的时候,生活就会向你敞开大门。"坎贝尔的这段话告诉我们,那个你自己都想象不到的优秀的你,正是你自己,"他"一直在未来等着你，你需要用一生去追寻。带着理想去追寻，你自己就是神！所谓神助，其实就是自助！

在到国防科技大学的前一天，隽涵给我留言：

总有人会有成为英雄的梦想，我便是其中之一，这就是我想要报考军校的理由，简单得不能再简单了。然而实现梦想需要满足许多条件，其中最重要的是成绩。当时的我考过五百零几的低分，整个高二学年加上高三上学期只有市一质检上过600分，所以成绩是必须解决的问题。

读书是需要挤时间的，我不太有天赋，只能靠奔跑来赚取更多的时间。午夜12:30睡觉，早晨5:50起床，想来比别人能多的时间不多，便只能想办法多挤出一些时间。课间操做完等班级走到游泳馆旁边就可以散开，这时候冲回教室还可以多写两道题。中午1:40准时出宿舍门，冲到教室也只用两三分钟。下午放学跑饭，5:30下课，5:50前回到教室，还可以多读几十分钟的书。食堂晚自习后再跑回宿舍洗澡，争取在晚上11:10前搞定。高三永远在不断奔跑中。

到高三下学期的时候我的心情起伏是比较大的，当然大多数时候是把坏心情埋在作业里，这样还保证了不会因为难过而停下奔跑的步伐，就像我的朋友说，她有边哭边在食堂写作业的经历。这样的习惯一直保留着。高考时刚考完数学，心情是真的不太好，监考老师收卷要两三分钟，我就想：不要想着上不上得了哪个学校了，卷子已经收上去了，再想也没用，不如赶紧复习明天的物理和英语，把分数补回来。秉着这样的心态，在所有考试结束前，我都没有把时间耗在没用的哭泣和心态崩溃上。什么时候做什么事，遇到不好的情况，如何在短期内达到最大补救效果，奔跑的状态永不停息，这是高考让我学到的最重要的东西。

那么，希望学弟学妹们也能永葆奔跑向前的姿态，不断成长，不断进步！

在2021年12月17日晚上，我对隽涵的成功完全没有把握，但我觉得，

"考上国防科技大学"就是她"内心的召唤",我必须支持她。如果最终未能如愿,我相信隽涵会有一丝后悔,但我更相信,早早放弃,隽涵一辈子都会后悔。心理学家研究发现,多做、做错了事的后悔,虽然在当时会让我们非常痛苦,但随着时间的推移,这种后悔多半会减弱,成为我们回顾人生时的笑谈;但那些没能或没来得及做什么的遗憾,则会长久地留在我们的人生路上,在数年后夜深梦回时,还能让我们后悔不已。所以说,无论隽涵最终成功与否,为听从内心的召唤而奋斗都是正确的。而正因你果敢、决绝,生活便会向你敞开大门!

整体而言,有目标的人的成功概率要比没有目标的人大得多。具有挑战性的明确的目标(设定了时限和具体的成果)通常会带来更好的表现。目标向我们及他人传达了一种克服困难的信念。心理学家告诉我们,信念是一种会自动实现的预言。一个目标、一个明确的承诺,可以让我们集中注意力,帮助我们找到达到目标的路线。做一个幸福的人,必须有一个明确的可以带来快乐和意义的目标,然后努力地去追求。有研究表明,为实现目标的奋斗过程,比达成目标更能带来幸福和积极的情绪。

8月4日夜里,隽涵的同班同学、被浙江大学录取的李舒赫同学给我发信息问:"好奇校长是怎么在那么多人失败的情况下,不惧怕踏入覆辙,办好厦大附中的?"其实答案我是可以脱口而出的,但我断定舒赫一定碰到了什么具体问题,我不知道怎样回答才合适,便回复:"这个问题很深刻,我得想想才能回答。"一夜辗转反侧,仍得不出一个简洁的"具有教育意义"的深刻答案。这个问题很多人问过我,我都轻松作答,只是突然被学生一问便哑然。

第二天早晨,我给舒赫回复:"舒赫好!你的问题让我一夜辗转反侧。我写了不少文字,大约可以视作对这个问题的回答,但要让我用一两句话来回答这么深邃的问题,还真不知道从何说起。曾文正公说'不信书,信运气',此并非一点道理没有。曾公理想远大,异常勤奋,故所谓运气是他把握住了机遇。我时常说附中发展'侥幸没有失败',多少也有运气的成分在,当然我们也是有远大理想,也是异常努力的。我发一两篇文章给你,感兴趣的话可窥一二。谢谢你对母校的关心！"真实的答案大家一定想不到，其实是轻信、偏听、误判、挣扎以及持续的挣扎……然后就是侥幸。后来想想，当时的选择非常莽撞。我一直想办一所学生喜欢的学校，当碰到一丝机遇时，便不由自主地上了"套"。当我们一不小心走上了一条钢丝后，也只能全神贯注、全力以赴，剩下的就是看运气了。为何会或义无反顾或犹豫不决地迈上一条钢丝？这个与心中所想有关系，这就是所谓的理想信念。理想信念自有引力，就是所谓的"内心召唤"。没有理想信念，便无所谓成败。舒赫看到我在朋友圈里发的这些感慨，给我留言："看了校长的朋友圈，感觉更完整，更明了。感谢校长的回答！我会走得更有勇气的！"

如果有人问，再给你一次重新选择创办厦大附中的机会，你还会选择吗？我的回答是，如果站在今天的角度，我一定不会选择，因为人不能总靠运气；可如果回到当年，我一定还会选择。听从内心的召唤，为理想而奋斗，无惧成败！我相信，怀着梦想并执着努力的人，上天都会帮你。

做幸福的平凡人是指低调做人，为理想拼搏是指高调做事，所以，我愿意无数次重复那句话：用奋斗成就幸福的平凡人！

2022 年 9 月 1 日

"我想上军医大学"

前天下午3:32，我接到高三2班雷明（化名）同学的电话，他反映一件事，希望得到我的帮助。他打算考某军医大学，这所大学要求学生的政治面貌是团员或党员。他是团员，但是在2023年五四青年节时才入团，而报名是2022年11月，所以系统里登记的政治面貌是群众。如果直接在系统里录取，他没有资格。他已问过老师，得知系统是不能改的。这类事我是第一次碰到，但我也不能理解，明明是团员但却不算，还是说，高考报名之后政治面貌就不能改变了，这道理说不通。我说不要急，一定是有办法解决的，实事求是难道还有什么问题？我先了解一下情况。

我随后打电话给教务处的同事了解情况，他们知道这个事，已经问过区招生办，招生办回复"不行，系统不能改"。我说，我不想听"不行"，我想知道怎么才行。系统是人控制的，不能随便改这个规定我完全理解，否则安全性、真实性就存在问题，但我觉得实事求是更新相关信息不是难事，也应当为考生提供方便。如果在学生政治面貌这种重大问题上如此教条，只能说明这个系统自身有问题，是官僚主义、教条主义的典型表现。

下午3:40，我给雷明打电话，说了一下我了解到的情况。我说系统不能随便改这个规定我们应当理解，否则就乱套了，但这所谓"不能改"可能还是权限问题，区招生办无权改，市招生办也可能无权改，但省考试院一定能够也一定有权改，当然肯定涉及一套复杂程序。我仍安慰他别急，一定有办法。我对他说，你给军医大学招生办打电话，问一下我们学校出具证明文件是否有效。我觉得，从道理上来说应该可以，确认起来工作量也不是很大。雷明答应打电话。

下午我再次问同事沟通的结果，同事反馈"不能改"。晚上 8:52，我给雷明打电话，想了解他和大学沟通的结果，雷明未接。9:19 再次拨打雷明的电话，雷明说，军医大学招生办答复，他们只在系统里录取，不接收证明材料。至此，两条路都被堵住了，也就是说，高考成绩 653 分的团员青年雷明因为报名材料上的"群众"身份，将与心仪的军医大学失之交臂，甚至可以说是没有资格填报这个志愿。这是我完全无法理解也无法接受的结果。但是，我仍然安慰雷明"一定有办法"。我也提醒他是否确定要报这所军医大学，这么高的分数完全可以上"985"高校中排名更靠前的学校，如果我们一群人帮他，结果最后他不报这所学校了，我们的努力意义就有限。他肯定地回答"我想上军医大学"，一定要报这所学校，而且说他报的是临床八年制直博的专业，要求的分数高。之后，我发了条朋友圈感慨道："每当碰到类似事情，总有人告诉我系统就是这样设置的。其实，系统都是人设置的。"

第二天上午，我在管委会参加第 22 届中国数学女子奥赛专题协调会，会间，在教育厅厅属某单位供职的朋友看到我的朋友圈，发来信息问："那位同学高考报名表的事解决了吗？我问问考试院那边以往有没有这种情况，看能不能逐级递交材料予以变更。"会议结束后，我盯着同是参加会议的区招生办的同志给市招生办打电话，具体落实有什么途径解决这个问题，最终得到回复："以学校名义提供证明材料，向招生部门逐级申诉。"后来确定学校以红头文件的形式开具证明，由区教育局作保，将盖着两个公章的证明送到市招生办，市招生办盖章后传真到省考试院，由省考试院相关部门在系统里修改。朋友也发来信息："学校提出申请，附上佐证材料，区招生办签署意见，走渠道报考试院（这关得催）。另外，考试院这边投档时，唯独团员要结合实际投档。以往考虑到报名后半年时间里考生的团员信息可能有变化，所以都会投出去，但高校招生办一般为慎重起见会严格对照报名表，所以最好还是修改信息，不要寄希望于高校招生办高抬贵手。"稍后他又留言："刚才考试院跟市招生办也打了招呼，考生信息也发送了。今天送市里，他们会尽快办。军医大学确实是会严格审核团员资质的。"这时，区招生办来电说，下午 3 点要将证明材料送到市招生办。"唯独团员要结合实际投档"，说明招生考试部门考虑到了这个问题。

上午 10:53，我给雷明打电话，将处理办法和途径反馈给他，让他家长午后到学校拿材料，下午 3 点送到市招生办去。材料准备好后，因为已经是中午，我不想再打搅他们以及雷明的班主任，就让雷明的家长到我这里拿。11 点时我又给雷明去了一次电话，让他们不用太着急，吃过饭再到学校。11:12，雷明爸爸给我打电话，说他们可能要到 12:30 才能到学校，我说："不着急，市招生办下午 3 点才上班，你们在下午 1:30 到学校即可，路上注意安全。" 12:35，我给雷明发了一条信息："证明办好了，开发区教育局也盖好章了，放在我这里。下午 1:35 左右来拿即可。下午市教育局 3 点才上班，上班的时候送到市教育局招生办即可。路上注意安全！"他回复："收到。非常感谢您！" 1:16，我又给雷明发了条信息："我办公室在力行楼 408。"他回："好的。" 1:29，雷明爸爸给我打电话，说他们已到门口。我让门卫放行。1:35，他们到达我办公室。

我将证明材料交给他们，问他们分数那么高为什么要报这所学校，他们只说这个专业是高级临床医师，八年直博，分数比较高。我祝顺利录取。告别的时候，雷明爸爸问："校长中午也不休息？"我说："习惯了。"我在心里说，我不是在等你们吗？下午 3:25，雷明爸爸给我发来信息："校长您好！雷明的材料已送到市高招办，后续情况麻烦您关注，非常感谢！给您造成不便，敬请谅解！谢谢！"我回复："好的。不客气！"

后来我仔细查看了《招生计划》和《报考指南》，雷明报考的军医大学的专业今年在福建招生 4 人。去年也是 4 人，最高分 644 分，最低分 635 分，均分 639 分。去年的 639 分排在福建第 1852 名，雷明 653 分，排在福建第 1708 名。确实也差不多。

2023 年 7 月 6 日

我们想给她个惊喜……

周日（2023年9月24日）上午11:35，我在食堂吃完饭，习惯性地拿起手机看一下时间，看到微信里有条留言："姚校长您好！冒昧打扰了，明天晚上9点左右您会在学校吗？"留言者是高三1班怡静（化名）同学的妈妈，她在7月1日中午到校看怡静时在食堂当面加了我的微信，这之后从未联系过。"明天晚上9点左右您会在学校吗？"有点让我莫名其妙。11:41，我回复："我一般晚上8点多离开学校。有什么事吗？"没有什么特别的事，我不会拖到晚上9点后才离校，但我又觉得她一定有什么事需要或者希望得到我的帮助。

中午12:05，她回复："有个事跟您商量一下，怡静明天18周岁生日，我们想给她一个惊喜，明天晚上9点左右让她出来，在学校东门吃个生日面。您看可以吗？她们的班主任明天晚上不在学校。"学校不主张、不提倡家长到校给孩子过生日，毕竟寄宿生有将近2000人，但学生到大门外去吃碗生日面，这是不需要"劳驾"校长的，跟班主任提前打个招呼即可。极大的可能是他用同样的话问了班主任，而班主任的回答很干脆："不在。"

既然我知道是什么事，就不可能不问；既然知道了是吃生日面的事，我也就不可能让学生站在校外的马路上吃。我立即回复："一定可以！你们进来到教师休息室，不要在门外。我安排好后告诉您地方，我带她过去。如果我临时有事，我会请其他同事带。一定让她'惊喜'。我刚在食堂和她偶遇两面，故意问她'妈妈没来看呀'，她说'没来，过两天要放假了'。""没问题。放心！"我在食堂看过她留言后，怡静正好到食堂吃饭走过我身边，我们以笑示意。我送餐盘的时候又再次碰到去排队买饭的怡静，便故意问她妈妈来没来。怡静妈妈随后又发来信息："我们尽量不打扰大家，只能打扰您了！感谢！希望明天您能到现场感受惊喜！"我回复："与有荣焉。"她回复："感谢！感恩！有缘、有幸、有您，是学生、家长最大的幸福！"我回复了一个握手的表情包。因为太太不在家，我回家还要洗衣服、简单打扫卫生，如果晚上9点多回家就要到晚上11点多才能睡觉。因为每天要早起，中午基本就休息不了，所以我现在不愿意熬夜，一般也不轻易打乱生活规律。但既然受邀，就不好拒绝。

　　答应后，我就开始筹划这件事，睡梦中也不免会梦到这件事。第二天早晨进教学楼，遇到高三年级年段长蔡敏老师，我就说了这件事，我分不开身，就请她一起帮个忙，她正好有晚自习督修。我们约定，我先到东门接怡静妈妈到敏行楼212会议室，晚上8:50第二节晚自习下课后，蔡老师带怡静过来，拉上窗帘就可以在里面慢慢吃生日面。

　　下午2:18，我给怡静妈妈留言："怡静妈妈好！您晚上8:45到东门等我，我接你们进来，到教学楼212会议室，然后再请怡静过来。安排好了，放心！"2:36，她回复："姚校长您好！感谢！我们准时到东门等您。还有给怡静准备开启后备箱的惊喜，您看车停在哪里比较好又不影响大家？"还有"开启后备箱的惊喜"，这个我没想到，她之前也没说，我便回复："那样的话，我们就换个地方，到艺术馆接待室。"艺术馆接待室就在路边上，便于他们停车。我又特别交代："到时车子开到艺术馆礼堂边上。"她回："好的，谢谢！给您添麻烦了。"我再次回复了握手的表情包。然后我发信息告诉蔡敏老师这个新的安排，找总务主任炀宾老师安排人提前开好接待室的门，结束后再去锁门。

　　我遇事多虑。晚饭后就一直在想，他们怎么不早点呢，晚上开车往返多不安全。越想越不放心。依次从高中部、初中部再到笃行楼巡堂后返身穿过初中部、高中部，然后到东门传达室，告诉师傅等会儿有家长找我，让他们进来，指给他们到礼堂的路，我在那里等，省得他们挂念我，在东门久等。回到办公室，晚上7:36，我给怡静妈妈发了条信息："夜间行车，路途中一定要注意安全！到东门后和师傅说一下找我，他会请你们进来的。东门左转一直开到礼堂处，晚上 8:45 我会在那里等。怡静在 8:50 下课后，蔡敏年段长会陪她过来。"她回："好的，谢谢！我们现在刚出发。"她家在漳州市区，过来差不多要一个小时。

晚上 8:45，我和炀宾主任准时在艺术馆礼堂处等候。8:46 收到怡静妈妈的信息："您好！刚到学校大门红绿灯，三分钟后到。"三分钟不到，他们过来了，两辆车，一共七位：怡静妈妈、爸爸、妹妹，还有两位阿姨、一位叔叔、一位小弟弟。这个亲友团的阵容也出乎我的预料。我笑着说："这个阵容进校确实需要校长帮忙。"他们的车一停稳，几个人就开始布置。后备箱里有祝福语、灯光、礼品，还特别准备了一架怡静喜欢的空军运-20 模型……8:55，蔡老师陪着怡静过来了，车子里也响起了生日歌。看得出来，怡静确实"很惊喜"。怡静妹妹给她献了花，我即兴说了几句祝福的话，也随了一份"礼"，是拙著《怎样的教育能给人带来幸福》，扉页上题了八个字："快乐幸福，学业大成。"这是白天就准备好的。然后，他们家人合影。室外的节目结束后，我将他们请进了接待室，我和蔡老师与怡静合影后，交代了几句我们就离开了，让他们家人团聚，让怡静吃生日面……

晚上 9:37，怡静妈妈发来信息："校长您好！我们已完成，出校门了。怡静也回教室了。再次感谢！非常感恩！谢谢您和老师们，谢谢！谢谢！"我回了个拱手和握手的表情包。11:01，怡静妈妈再次发来信息："校长您好！我们已安全到家。再次感谢！"我回："不客气！难忘！"

2023 年 9 月 26 日

附中十二时辰

2月1日，开学第一天。上午9:15，美术组阮艺红老师通过微信发给我一个大小为219兆的名为"附中十二时辰"的MP4文件，接着是如下一段留言：

校长好，最近在整理学生的作品。这是高三的同学陈熹和他的组员们一起在美术课上制作的定格动画。上课的时候，他们没有什么创作的想法，我提建议：可以想想校园生活。在我的微信运动圈里，校长基本每天都是榜首，每天都在校园行走，我真的是走不过他。这是我看到的有趣的点，可以关注一些这样的有趣的事。（这也是我身边的老师们说的，很少有校长会这样每天很早到学校，很晚回……）制作完之后，他们希望我把动画发给校长看，孩子希望得到肯定。他们也有在毕业后翻拍的想法，这是后话了。如果您见到这位小朋友的话，希望您可以夸夸他！他经常中午会在艺术馆，到四楼开水房盛水。

直到下午2:30，我才看到信息，便匆匆回复："谢谢阮老师！我好好欣赏。"艺红是附中2014届毕业生，在厦门大学读本科、研究生，毕业后回母校任教。她是运动健将，附中的女子百米纪录还是她保持的。她说她"走"不过我，我想主要原因是她没走。

随后，我下载并观看了这段160秒的视频，很是感动。短视频里的画面是这样的：

日出（5:00—7:00），我从学校对面穿过南滨大道走进校门，沿南门中轴拾级而上，到达日知广场。

食时（7:00—9:00），我从日知广场走进初中部教学楼（知行楼、景行楼），这时背景音乐里夹杂了琅琅读书声、铃声、早操开始时的运动员进行曲声。

隅时（9:00—11:00），我从初中部穿过知行广场前往高中部（洁行楼、敏行楼），此处的镜头视角反复变换，背景音乐中夹杂了眼保健操的声音。

日中（11:00—13:00），我到达体育馆，然后路过食堂、游泳馆。

日昳（13:00—15:00）、晡时（15:00—17:00），我到达游泳馆正门，然后走过田径场、篮球场。

日入（17:00—19:00），我通过乐山路，走向朝闻大道。

黄昏（19:00—21:00），我走进国际部草坪上正在燃烧的篝火里，然后通过朝闻大道走向南大门。（遗憾的是缺了我登亦乐园，我可是差不多登了2000次。）

最后5秒钟是字幕，指导老师：阮艺红；组员：陈熹、黄巧燕、简陈昊、蓝姝、林一彤、张婷宇。

贯穿短片的背景音乐是我校师生2019年制作的厦大附中校园原创音乐作品《凤凰谣》。作词：沈佳雯，2021届高中毕业生，现就读于中国传媒大学；作曲、编曲：洪龙颖，2023届高中毕业生，当年还是初中生；演唱：黄舒婕，2022届高中毕业生，现就读于东北大学；指导老师：贾嵘彬，我校音乐老师，艺术组组长。虽无字幕提示，但我只听了一句就知道是《凤凰谣》。当年，歌曲制成后嵘彬将歌曲和词作的文件都发给了我，我一下子就记住了旋律和其中的部分歌词，至今不忘。歌词全文如下：

登上鹭港之巅／海浪轻哼着缥缈的曲段／黄昏已至／眼中充斥着遥远的向往／花影／微雨／迷茫／凤凰花在夜里唱／凝聚／消散／芬芳／不甘凋零的灿烂／为何彷徨／为何忧伤／极目所见是远方／斩断波澜／乘风破浪／看凤凰浴

火/望向南滨之畔/微风摇响了猎猎的战旗/暮色四合/心中饱含着未来的希望/为何迷惘/为何惆怅/远望所见是故乡/斜披熹光/高歌前行/听凤凰吟唱/景行行止/路在脚上/志在我心/知行合一/无谓风霜/日日皆新/敏行讷言/君子善怀/浩然正气/洁行立世/天地广阔 来日可期/为何迷惘/为何惆怅/远望所见是故乡/斜披熹光/高歌前行/听凤凰吟唱/苍山如画/清泉如帘/请上天穹/展翅翱翔/随我唱一曲凤凰谣/随我唱一曲凤凰谣。

  作品中有一种淡淡的但又很顽强的忧伤,颇合我当年筹建附中之初独自一人时的心境。为何彷徨,为何忧伤,为何迷惘,为何惆怅,因为远望所见是故乡,极目所见是远方。目的地很清晰,但抬腿不知道迈向何方。道阻且长,行则将至,其实,行,有时也不一定能至,但不行则必不能至。所以,"行"是唯一的一条路。一个月来,我不时看看这160秒的视频,独处欣赏时竟数度老泪盈眶。

  行走,是我留给同事和附中学子最鲜明的印象。我的"华为运动健康"应用记录了我最近四年行走的步数:2022年7761060步,平均每天21263步;2021年7125108步,平均每天19521步;2020年6836355步,平均每天18730步;2019年6740517步,平均18467步。步数和年龄一样与日俱增。而这些步数中每天只有500步左右是我往返于家与车库时走的步数,其他都在学校,很少例外,因为我基本不出差。但凡有两天不在学校,就一定有学生问我去哪里了,也有同事问,后勤工作人员也有人问。

  2月14日中午,我在从食堂回办公室的路上遇到和同学一起到食堂用餐的欣然(化名)同学。首先自然是互致问候,然后她递给我一张便条,说:"写给您的。"我习惯性地问:"有没有急事要交代我办?"她说:"没有,您看看就知道了。"这张纸条就拿在她手上,我瞬间觉得她似乎很笃定会遇到我。因为只有几行字,我在路上就打开看了:"校长在早上巡走的时候把口罩戴上好吗?最近疫情好严重,希望校长好好的。前几天都没有看到校长在巡走,还以为校长不当校长了。校长要好好照顾自己,不要太劳累了。最近校长有一点憔悴。真的很喜欢校长,希望校长您一直当校长,好好照顾自己,好好照顾附中。毕竟照顾好自己才能照顾好附中嘛。祝顺顺利利，康美永安！"最后还"顺祝情人节快乐"，真的让我感动。她说的一点儿没错，我确实"有点憔悴"，因为三天前我才"阳康"。2月1日开学典礼上我还发表了《教育为人生》的致辞（实际上头一天就已不舒服），白天已觉身体异样，下午自测抗原仍为阴性，傍晚在犹豫中还坚持跑了4.5公里，晚上回家洗澡后再测仍为阴性。夜里发烧，第二天上午抗原检测为阳性。2日、3日手机基本没有步数记录，4日到10日的步数都没有超过4000步，所以那几天就有学生、亲朋问讯，他们觉得奇怪，然后只剩下一种推测结果——病了。甚至一位五大三粗的前男同事还从远方打来电话。他们几乎都是这样说：您在我们的微信运动排行中长期霸屏，经常占领封面，这几天如此异常，一定是有事。可不，就是有事。

行走，是我的人生姿态。

高三1班的陆益嘉同学在《陪伴是最长情的告白》（载2023年3月出刊的《亦乐园》冬季刊）一文中说："校长总是带着一种拈花微笑般的禅意，行走在附中的每一寸土地，以一种慈和、怜爱的目光平视你，并热情回应大家的问候。""'如果你留意的话，有没有发现校长每天都会走一遍教学楼。之所以用走而不是巡视，是因为我觉得他给我们的不是压迫感，而是支持、鼓励和安全感。'曾有校友在社交平台上如此留言，恰如其分地说出了我的感受。而校长在《让教育稍稍有点诗意》中提到，他每天在学校里'奔波'两万步以上，走过每个班级，走过每列做操队伍，走过宿舍区和教学区，和学生一起跑步。亲人朋友认为其辛苦，他却从中感受到诗意。""毋庸置疑，校长爱我们，爱附中。他和我们一样，对这片土地爱得深沉，以陪伴的方式进行着最长情的无声告白，践行着'教育即陪伴'的理念。事实上，不仅仅是校长，我们身边的每位老师皆是如此。"然后，她列举了很多例子。

是的，"我们身边的每位老师皆是如此"。因此，我认为，《附中十二时辰》是超现实主义作品，是象征主义作品。虽然，他们在制作这个短视频的时候是根据我量身制作的，有合理的夸张成分，但不失现实主义风格，然而其终归是超现实的，是象征性的。"我"是我，更是我的同事，包括所有老师和后勤工作人员，甚至也是所有学生。老师们早晨很早到校看自习，初中部老师中午还要在班级督修（休），下午有课后延时服务，晚上有晚自习，高三还有"二晚"。从早晨6点到晚上11点，同学们总是有老师陪伴。值班老师以及三个大门、监控中心、巡逻岗的安保人员24小时值守，食堂员工最早一批于凌晨4:30上班。"附中十二时辰"一刻不息，并非因为我，而是因为"我"！我常对同学们说，学校因学生而存在，附中因你们（学生）而美丽。"附中十二时辰"中，最生动、最富活力的生命毫无疑问是这些"纯白少年"。即使在寂静的深夜，星空下还有诗意的呼吸。我睡在家里也能感受到。

你的辛劳无人关注，这是常态。但我的奔波却有那么多人关注、关心，我觉得我真的是幸福的，是名副其实的幸福的平凡人！能够自由行走是幸福的！作为老教师、校长，我的行走能被青年教师和学生看到，我更是感到无比幸福！而他们甚至愿意花时间制作这样一部短视频，来熔铸一段难以说清、难以道明的情感，我焉能不心花怒放！

2023年3月11日

四个校医为什么不能给学生打针

有一段时间，午饭后我从食堂回办公室，经常路遇从南门回宿舍的陈雨萱同学，觉得有点奇怪，特别是天气还很炎热。以我对她的了解，她绝不是个天天会到南门快递驿站取快递的孩子。有一天，我忍不住开口问她是不是有什么事，她说没什么事，就是有点鼻炎，用的药要冷藏在南门保安室里的冷柜里，午饭后要去用一下药。我问为什么不就近放在餐厅四楼超市的冷柜里，她说超市阿姨说不能放在那里，怕学生拿错误食。我觉得也有道理。但我印象里超市库房里也有冷柜，学生进不去，加之药品包装鲜明独特，管理谨慎一点是不至于出问题的。于是就和经理商量，看看能不能就近放置，经理一口答应了。我立即转告雨萱，让她直接找经理，以后就放在餐厅四楼超市库房里的冰箱里。他们为此专门腾出冰箱的一层来。餐厅四楼超市库房离宿舍最近，她饭后即可就近用药，免除了奔波之苦。你要问全世界有多少人因此而误食药品，我敢说少之又少。很多管理就是这样，为了防止一个虚构的潜在危险，建立了一套永远不会起作用的机制。

这让我想起上半年春节过后刚开学时的一件事。

2022年2月9日晚上8:51，我收到一个陌生号码发来的短信："姚校长您好！我是高一俞峰（化名）的妈妈，很冒昧打扰您。孩子三周岁时得了甲流，因抗生素治疗留下了后遗症，呼吸道只有正常人的三分之一。这些年我们一直带孩子治疗。这个寒假的时候孩子体检完，医生说体质好了，可以进行激素干预，需要每天打一针，连续治疗三个月。在家时都是我和孩子爸爸给他打的，现在开学了我们不在身边，希望能在学校医务室完成注射，这样孩子的学习和治疗都有保障。实在没有办法，才冒昧打扰校长，有不当之处，望校长谅解！"我立即回复："好的，没关系。我明天问一下校医，看看有没有条件和相应资质。只要能胜任，一定努力做好这件事。责无旁贷！"她回："非常感谢您！给您添麻烦了！"

我随后将这几条信息截图发给校医并留言："××医生好！这是家长发给我的，您看咱们能帮上吗？"她回复："您好！校长，我们学校的医务室没有针剂注射的执业范围，不能注射各种针剂、吊瓶。这个注射还是要到正规医疗单位。"

我立即将校医的回复转告俞峰的妈妈，接着留言："我明天再和他们探讨一下。不合规就没办法。这和自家人到底不一样。因病因事外出，学校管理方面会特殊情况特殊对待的。"她说："好的，谢谢校长，添麻烦了。我再联系看看有没有校外的医疗机构。孩子这个注射是手臂和大腿外侧肌肉注射，没有危险性，我们家长出个免责声明。药物是我们从医院拿出来每天固定量的，不存在危险的。麻烦校长再帮忙沟通。"我回："好的。我和她们沟通。"

第二天中午，我又将和家长的聊天信息截图发给校医并留言："这是家长和我的留言，你们几位看一下能否帮忙，如果可以，我让蔡敏年段长和班主任带着家长去和你们商量一个稳妥的方案。"下午5点我又问："你们商量了吗？"校医回："您好！校长，我们商量了，还是不能给他注射，本来想明天早上上班的时候到您办公室，把我们的意见当面跟您说。"

她接着给我发来"不能给他注射"的七条理由：

1. 我们医务室按国家卫计委要求不能进行注射项目，含肌肉注射和静脉注射。如果出事，是医疗事故，会被吊销个人执照、医务室执照年检，文明学校评审受影响。

2. 注射手臂、大腿，是肌肉注射，直接入体。医院注射室都要配抢救室、器械、呼吸机，必要时要气管切开，要有必备的药品。

3. 如果注射当时起快速超敏反应，要送抢救室抢救。如果积蓄反应或延迟反应，在宿舍睡觉时发生气管痉挛，值班医生跑过去或者120救护车开过去都来不及。

4. 他的呼吸道只有正常人的三分之一，呼吸道的代偿能力很差，正常人在呼吸道痉挛抢救时都很危急。

5. 有无危险不是家长说了算，是专业机构经过大量实践验证的，不然就不要那些规章制度了，不要"三查七对"了。

6. 他在家注射是家人个人行为，在医务室注射是医疗行为，我们就要保障他的安全，这也关乎医务室和学校的安全。

7. 家长的免责声明本身不具备法律效应。

校医接着又发来信息："我们建议他家长在校外陪伴，至少在他治疗期间，不宜住宿。如果一定要住宿，请家长到二甲医院开具适宜正常住宿和学校生活学习的疾病证明，盖医院公章。""还有几点原因，我明天早上到您办公室向您汇报，您看可以吗？"我立即回复："不需要，这些我都知道。"她写的七条我没有看，我只需要知道"还是不能给他注射"就可以了。校医说："他的家长从开学 9 月份起都一直没报备他的情况，平时我们问，家长也没说，都在隐瞒病情。"我问："你们知道这个事吗？"校医答："不知道，是昨天他的班主任说要在医务室注射生长激素。"按校医的意思，非但不能帮忙注射，连住校都不可以。那一刻，我脑子里跳出一个想法：本本主义害死人！

我随后就给俞峰妈妈发信息："俞峰妈妈好！我们几位校医商量了，觉得帮助注射还是不妥。非常抱歉！"俞峰妈妈回复："没关系的，校长，还是非常感谢您，有劳您费心了！我们跟店地卫生所的医生联系了，他们愿意帮忙注射，只是请假这方面需要学校给予方便，每天来回可能需要半个小时左右。谢谢！"我回复："没问题，我来落实。让俞峰注意安全！"给家长发完信息 10 分钟后，晚自习巡堂，我直接到年段，喊上年段长、班主任一起安排他进出校门的事。后来我也多次过问。在得知他在晚上 9：50 晚自习结束后再去诊所注射的信息后，我建议他早点去，晚自习没那么重要，安全第一。再后来，我傍晚跑步时多次在操场遇到俞峰，他告诉我已经没问题了。

我不清楚现在是否还有接生婆。我们兄妹四人和我儿时认识的小伙伴都是由接生婆接生的。在我儿时有限的见闻里，也从未听说过生孩子死人的。现在看，"接生婆"是个非法职业，因为没执照。中医称为"搭手"的病症很凶险，指生于背部、腰部有头疽的恶疮，患者能以自己的手触及，故谓之"搭手"。我五岁那年，就听闻外乡有人死于"搭手"，而那年夏天我祖父也患上"搭手"，故家人闻之色变。最后是村小的一位数学、体育等什么都教的程老师，自告奋勇地到我家为祖父施以"外科手术"而治愈。现在想来也并非什么高难度手术，无非是割去腐肉，剐掉脓血，敷上消炎药，缝上疮口，很快就痊愈了。痊愈后我经常用手摸祖父背上那条光滑的刀痕，觉得很好玩。程老师也许故去，但我还记得这件事。很多时候我们并非困于技术而是为教条所束缚。什么都有统一的规定，什么都按统一的规定做，这就是文明吗？俞峰妈妈找我的时候，我之所以没有立即答应，是因为我知道校医室没有这个资质。而之所以没有立即拒绝，是我觉得这种注射类似于自己注射胰岛素，在操作上不应该有什么风险。打心眼儿里我还是想帮学生和家长解忧。但最后还是被校医拒绝了。我是十万分理解的。其实，出了问题，我是第一责任人。

2022 年 11 月 23 日

做幸福的平凡人：我很困惑

昨晚9:30，我看到附中2020届高三4班毕业生、现就读于C9（九校联盟）高校之一的张斌（化名）校友于晚上8点发来的微信留言："姚校长您好！我是2020届的张斌，现在已经大三了。如果可以的话，能否占用您几分钟的宝贵时间，讨论一下现如今我比较疑惑的几个问题呢？"因为比较晚，加之手机上没法聊，我回复他："如果不是急事，就等放假回附中面谈，可以吗？"他回复："不是急事，不过寒假可能回不去附中。"接着又发："要不我发出来您抽空回？"我回复"OK"。

随后他发来如下近千字的留言：

您一直提倡做幸福的平凡人，高中三年我一直觉得自己对这句话了解比较深。因为在大学前的人生中，我的经历一直是比较顺利的，例如中考升学前通过自己的努力，成绩不断进步，最终来到附中，高中时期成绩也在稳定进步。尽管在高考前有挫折，但所幸高考时我还是考出了不错的成绩。仔细想想，在这些经历中，我对平凡的定义基于在比大多数人幸运的前提下拥有较为顺利的经历，因而也从未细想自己对"做幸福的平凡人"的定义是否过于狭隘。

来到大学后，在第一年的学习经历中，我的想法还没有产生较大波动，我还是按照高中那套模式在一定程度上取得了想要的成果。但到大二，由于信息差，由于自己的心态，由于自己的能力，以往顺利的局面被打破了。看着身边的同学或在社会活动、社团活动上活跃，或潜心于各类竞赛、科创项目，或专心于专业内容，且都取得了不错的成果，相比之下我就像走在一条下坡路上，和他们的差距越来越远。这种状况我从来没有遇到过，因而整个人陷入一种极大的焦虑中。但越是这样，越是在精神内耗中加快了差距拉大的速度，我在愈加艰难的现状里变得迷茫——这和我刚来大学那会儿想的压根不一样。

对于大部分和您交流的校友而言，我的经历并无光彩之处，没有优异的成绩，没有获奖，也没有升学的好消息。不过，在和许多年龄不同的人的交流中，我再次想到了所谓"做一个幸福的平凡人"，但这时更多的是疑惑，怎么定义"平凡"？怎么定义"幸福"？

怎么定义"平凡"？"平凡"指的是在物质上小于等于平均水平吗？还是在与更高水平的比较中落于其后皆可称为"平凡"？不过相比于这个问题，我更想知道怎么定义"幸福"，怎么获取"幸福"。

有人说幸福，是一个人自我满足后的情绪。这种情绪，可以来源于目标达成后的喜悦，也可以是和别人（或事）的不幸对比后，对自身处境产生的满足感，是人们在日常生活中，所体会到的快乐、满足，情感得到升华之后的感情。我对其中的定义基本支持，但疑惑在于从比较中获得的幸福，因为我最大的焦虑就来源于比较，许多人的不幸也来源于比较，从比较中真的能获得幸福吗？因为多方面的原因，曾经在同一起跑线上的同伴在未来会有不同的处境，这种不同可能来源于学业，也可能来源于事业、家庭等，如果比较可以获得幸福，能向上比较的东西那么多，人又怎么能获得幸福呢？如果是向下比较，是否又有麻痹自己、逃避进步的嫌疑呢？

话有点多，麻烦您了。

虽然夜深，但他既然发来了留言我就不可能不立即看一遍，看了一遍不得不接着又看了一遍，看了两遍夜里就不可能不想这件事，然后一夜燥热无眠。第二天上午9:30，我抽空给他留言："张斌校友好！看了几遍你的留言，大概明白了你的意思。我推测，你是因为在与身边以及其他熟悉的人的比较中发现比自己优秀的人有很多，或者说自己的优势不再，于是产生了焦虑、忧心，因此感到不幸福。正因如此，我觉得你其实并未理解我提倡的'做幸福的平凡人'的真正内涵。'做幸福的平凡人'不只是教育观，更是哲学观，是人生态度，因此也可以说是一种信仰。我无法用三言两语说清楚，我从我的《怎样的教育能给人带来幸福》一书'哲学之思'部分中选了六篇文章发给你，你有兴趣的话抽时间看看。我要说的话都在里面。人生态度不是几何证明题，没有唯一答案，我也无法证明给你看，需要你自己悟。有什么想法还可以和我交流。祝快乐幸福！"我将拙著《怎样的教育能给人带来幸福》中《做一个幸福的平凡人》《幸福是稀有的吗》《幸福似乎有点微妙》《以奋斗成就幸福的平凡人》《做个坦然面对生活的"有缺点的人"》《再谈做幸福的平凡人》打包发给他，但愿能帮他解惑。我知道这很难！正如我在留言中说的，做幸福的平凡人是一种人生态度，而人生态度不是几何证明题，没有唯一答案，我也无法证明给他看，需要他自己悟。譬如，要不要与他人比，怎么比，即使有标准答案，我们也不可能让所有人都按标准答案来生活。

  他随后回复："谢谢姚校长！劳您费心了，其实不单是我有这个困惑，很多我认识的同学在高考乃至中考后一直处在和我类似的状况中，所以这个问题不仅是我问，我也想为这些同学解开这些困惑。我会好好拜读文章的，等有所感悟再来与您分享。祝您身体健康，工作顺利！"

  为什么一位就读于著名高校的天之骄子，在高中阶段成绩领先的时候、在经历比较顺利的时候，觉得自己理解且认可"做幸福的平凡人"的观点，到了大学反而疑惑、怀疑"做幸福的平凡人"？其实不难理解。他对"平凡"的理解存在偏差，他对"幸福"的理解存在更大的偏差，也就是说，他根本不懂我说的"做幸福的平凡人"的内涵。李宗盛有首《凡人歌》，开头即言"你我皆凡人，来到人世间"，但很多人都不承认自己是平凡人，都不甘于做一个平凡的人，这反而是我不理解的地方。张斌问："怎么定义'平凡'？'平凡'指的是在物质上小于等于平均水平吗？还是在与更高水平的比较中落于其后皆可称为'平凡'？"显然，在他眼里，平凡与否就是加减乘除。平均财富10万，超过的就是不平凡，不足的就是平凡；或者人为定义一个"更高水平"者为不平凡，不如者则为平凡。由此可以推测，他在高中阶段勉强认同的"平凡"是一种居高临下、胜券在握的"谦虚",心底里觉得自己"不平凡",一如一些有钱人的口头禅"钱多钱少并不重要"。

对"幸福"理解的偏差是他苦恼的根本原因,也是这次他要和我探讨"做幸福的平凡人"的直接原因。说白了,他觉得现在不幸福。为什么不幸福?因为很多地方不如别人。他的幸福之源实际上很单一,就是要有一种"比较优势"。他总是在"比",比上不足所以不幸福,比下自满又会自我谴责还是不幸福。幸福的人,首先要认识自己,其次要成为自己。张斌最大的问题是没了"自己"。在这种情况下,某种程度上说,他幸福与否,不是取决于自己,而是取决于别人。失掉了"自己",哪里还有幸福可言?其实,与高中相比,就其个人而言,并未发生太大变化,"平凡"依旧,然而就是不幸福,主要原因是有了"比较劣势"。据我所知,附中学生"在社会活动、社团活动上活跃,或潜心于各类竞赛、科创项目,或专心于专业内容,且都取得了不错的成果"的也有很多,为什么彼时没有构成"压力"?一个重要原因是,高中阶段高考成绩是王道,考试成绩"一俊可遮百丑"。学业成绩甚至只要考试成绩排在前面,其他一无所长,也照样可以自我感觉良好,甚至可以据此鄙视他人。

和张斌有同样困惑的人不在少数,根本原因在于对"幸福人生"缺乏系统理解,这也正是我不遗余力地反复阐述"做幸福的平凡人"这个观点的主要原因,我希望他们早点免除这种困惑。当然,他们毕竟还很年轻,来日方长,对人生真谛的领悟需要时间和经历,几番挫折起伏后终会明白。

我经常告诫自己,如果你不愿意做一个幸福的平凡人,那还有一条出路,就是做一个不幸福的平凡人,总之,你只能是"平凡人"。

2022 年 10 月 25 日

向往的种子是何时埋下的

2023年4月的一次午餐,我在食堂碰到正在用餐的高一6班蓝昕妍同学,看到她灿烂的笑容,我对她身边的同学说,昕妍小学就来过附中食堂。昕妍说:"小学一年级就来过,还有照片。"我说:"还有照片呀?什么时候发给我?"后来有一天,晚餐的时候,她说:"校长,我妈妈将照片整理好了,不知道怎么发给您。"我说:"你记一下我的电话,让你妈妈加我微信,通过微信发给我。"4月13日,她妈妈加了我的微信,随后发给我一段视频,还有一段留言:"校长,请受我鞠躬、敬礼!这份敬重和感激,我念叨了好几年,感谢您这么多年来对我两个孩子的教育!"我回:"谢谢你们的信任!这些我要珍藏!谢谢您的分享!昕妍的笑容总是很灿烂,看到她我就很开心。"

我认真观看了这段视频,是由若干张照片组成的视频文件,共2分33秒。第1张是昕妍出生后的照片,文字标注"2007年6月蓝昕妍出生";第2张是附中造地之初的亦乐园原貌,标注"滨海荒山";第3张是我2007年12月28日在附中工地上的留影,那天造地基本完工,标注"2007年,校长来了,开始建造花园式学校";第4张是还是小不点的昕妍和爸爸的合影,标注"爸爸在这个时候计划送哥哥去附中读书";第5张是小小的昕妍在附中南门外南滨大道上的留影,身后是附中,标注"2012年与附中初次相见";后面连续7张都是昕妍游附中和看望哥哥的照片;第13张是我给学生颁奖的照片,标注"校长给哥哥颁奖";第14张是哥哥陈鸿越与妹妹昕妍牵手走在图书广场喷泉石阶上,标注"愿你们一生温暖纯良,不失爱与自由";随后的13张照片是昕妍在附中的照片,从照片中可以看到她一天天长大了;

第 28 张是哥哥鸿越整理床铺的照片，标注"哥哥毕业了"；第 29 张是鸿越拎着行李走在足球场草坪上的照片，标注"离开有太多的不舍"；第 30 张是昕妍来附中参加"六年一贯制"考试的照片，标注"哥哥陪我到附中参加实验班考试"；后面 2 张还是这次考试的照片，标注"考砸了，哥哥安慰我"；随后 2 张是在瓦格宁根路上以附中为背景拍的照片；第 35 张是昕妍坐在附中教室里的照片，标注"如愿以偿，附中第一节课"；第 36 张是昕妍走在乐水路上的背影，标注"附中，蓝昕妍来了"；第 37 张是昕妍和一群同学在足球场上的合影，标注"七年级"；第 38 张是和同学的双人合影，标注"八年级"；第 39 张也是和同学的双人合影，标注"九年级"；随后 7 张是毕业典礼上的照片；第 47 张是见喜老师的照片；第 48 张是毕业典礼结束后昕妍与我的合影；第 49 张是毕业典礼结束后昕妍与我握手的照片；第 50 张是昕妍的笑脸。

是的，一共 50 张照片，看完后我脑海里印象最深的是她的笑脸。没有爱，没有对孩子的爱、对附中的爱，是不可能有这段视频的，也不会有这些照片。所以我给她留言："您很伟大！你们夫妇很伟大！向你们致敬！"她又客气地回复："校长才是真正的伟大，您不仅给了无数附中学子爱，也给了无数附中学子家长希望！"

我和昕妍的第一次接触是在九年级下学期的时候。那天她向我诉说了一段困扰，有关师生关系的。她也认为老师是关心她，但老师的处理方式令她难以接受，希望我能帮帮她。我和她聊了一会儿，看得出来她当时就轻松不少。后来年段召开质量分析会的时候，我在不针对具体人、具体事的前提下，分享了我对学生教育方面的一些看法，她的任课老师大约有所意识，之后昕妍觉得老师可爱了许多。

毕业典礼结束后，她找我签字留言，我非常愉快地签上"考上附中"，她非常开心，我们约定高一开学后再见。考上附中高中部是所有附中初中学生的奋斗目标，背后的残酷现实是只有三分之一的初中毕业生能升上附中高中部，所以我对初中学生说得最多的一句话就是："考上附中！"随后她递给我一封信，全文如下：

尊敬的姚校长：

您好！

记得我第一次认识您是在我一年级的时候。当时我的哥哥在附中读初一。可能受他的影响，我对附中有着一种向往和崇拜。四年级时我随爸爸妈妈来附中看望哥哥，给哥哥送饭。我那时在食堂看到您，与您打了声招呼，您对我点了个头，笑着说了一句："你好！"我当时超级开心，蹦蹦跳跳跑去和哥哥说："校长刚刚和我打招呼啦！"那语气就像在和全世界炫耀，仿佛校长只会和我打招呼。至今回想起仍然觉得十分高兴。

相信您还记得上次我向您说的那件事，不知道您后来是如何处理的，总之，真的很感激您。是您在我最迷茫、最难过时开导我走出困境，是您像慈父一般教会我如何做人，如何宽容、感恩他人，是您让我有足够的勇气去面对令人紧张的中考。您是一位让人感到非常温暖的校长。谢谢您能够在我们第一天中考完的晚饭时给予我们最真诚的祝福！谢谢您能够在我考试前与我握手，为我加油！不知道三年后的我还能不能在附中让您为我助力高考。很幸运您能够出现在我的人生旅途中，您永远是那个能给人带来温暖与希望的校长。能够在我人生中最美好的年华遇见您、遇见附中，我感到足够幸福！

您曾经说过"附中因学生而美丽"，而我认为，是您与无数兢兢业业的老师一同点亮学生的美丽。附中学生因您而光芒万丈。您确实建了一所令学生满意的学校，附中承载了许多学子的梦想，这里的一草一木都见证了我们成长的历程。虽然附中还不能称为福建顶尖名校，但在我心里她是最好的。我很爱厦大附中，也很爱这慈父般的姚校！

何等荣幸，遇见附中，遇见校长！

附中学生：2019级8班蓝昕妍

2022年6月29日

中考成绩揭晓，昕妍如愿考上附中高中部。因为这段缘分，我对她就更加关注，见面时总要打招呼，不时嘘寒问暖。几乎每天见面，偶尔是帮助，总是去安慰，但不管在什么时候什么情况下，她都是一脸阳光灿烂。

4月下旬的一个周六傍晚，我在食堂第一次和她爸妈见面寒暄，晚7:03，她妈妈给我发来信息："校长，刚才在食堂偶遇您，从食堂出来我们因为带着太多东西，不方便去和校长告别，但是您说的这些词语一直浮现在脑海：缘分、幸运、温暖、感动！两个孩子经常对我说，校长的笑容令人非常舒服，今日一见，果真如此！"我回："谢谢你们的信任！欢迎常来！"她回："好的，谢谢校长！蓝昕妍的生日是2007年6月18日。如果我没有记错的话，校长是在2007年6月19日第一次来漳州开发区，校长是蓝昕妍的幸运之神。"我回："能够为你们服务我也觉得自己很幸运。谢谢！"

我们发现，今天很多在孩子小学时就打算将孩子送到附中读书的家长对附中都是有研究的，他们认同附中的教育理念和校园文化，在教育孩子成长的路上，他们是我们最可靠的同盟军。今天，一个家庭里，只要是大孩子就读附中，小孩子也必定首选附中；一个家族，但凡有一个孩子就读过附中，后面出生的孩子也大都首选附中。这是最令我这个创校校长感到光荣的地方。这就是口碑，而我一向认为口碑是最重要的评价。我对同事们说："这是何等的信任！我们不努力可以吗？"

前年8月底的一天，即将赴英国攻读硕士的2017届附中毕业生伊霖（化名）同学回附中，傍晚发信息，要来看望我，问我是否方便。我说在操场跑步，不在办公室。过了一会儿她又发信息："到操场了，但好像没看见您。"我说："回办公室了，等会儿去食堂吃饭。"她说："在食堂门口等。"我说："你先在食堂吃饭吧。"我到食堂一看，她和父母、妹妹正在吃饭。她妈妈问我："校长还记得吗？六年前妹妹来附中，在食堂碰到您，您说欢迎她来附中上学，她一直记着，今年终于进附中了。"我确实不记得了，因为每逢周六周日，就有大量的高中学生家人到校。周末我们的校园是对家长开放的。她从手机里调出当年的照片给我看，有图为证，好几张。为了让这小的孩子上附中，他们买房入户。她妈妈说，他们家就在某"牛校"围墙外，但他们就是要选择附中。

前几天，伊霖妈妈给我发来伊霖参加硕士毕业典礼的照片。两年过去，伊霖硕士毕业了，而她妹妹伊韵（化名）将于暑假后上初三，伊韵考上附中高中部也不会有悬念。

像鸿越、昕妍，伊霖、伊韵一样，兄妹、姐妹、兄弟、姐弟都在附中上学的不在少数。周六周日午、晚餐时间，附中餐厅既是亲子会面交谈的场所，也是励志教育甚至招生宣传的场所，我们经常见到家长看着大的孩子教育小的："长大好好学习，像哥哥（姐姐）一样考上附中！"而那些小的孩子，在附中校园里无拘无束、自由撒欢，像昕妍、伊韵一样，他们差不多也在附中校园里长大，对附中向往的种子早早就埋下了，只等合适的时间发芽、开花。

2023 年 7 月 13 日

"厦大附中,我来啦!"

今天上午,高一新生到校领取录取通知书。看到孩子们喜悦的表情,我觉得有责任分享三个小故事。在将故事发到学校公众号时,我加了如下按语:

首先,我要感谢并祝贺全体高一新生。感谢你们选择附中!祝贺你们被附中选择!这是令人难忘的双向奔赴。其次,我要感谢更多对附中充满信任和向往却因各种原因未能如愿走进的同学!你们的信任和向往同样是附中成长的力量!再次,我想提醒各位同事,荣誉意味着责任,信任意味着使命。看到下面这三个故事后,我们要思考,要自问:可爱的孩子,我将用怎样的努力来陪伴你度过附中岁月?

一

7月18日上午11:00,同事黄耿阳老师通过QQ给我转发来一位考生留言:一部分注明是7月15日写的,另一部分注明是7月17日写的。随后发来四张亲笔信的图片。然后给我打电话说,这是一位考生给我写的信,原计划在16日附中校园开放日的时候亲手递交给我,但因为那天没见到我,很遗憾,回去后拍照请他转发给我。我随即认真地阅读了一遍,并立即给耿阳老师留言:"谢谢!请转告孔轩(化名),我在厦大附中等着她!我要请她到办公室聊天,还要签名送书给她,不管她最终被录取到哪所学校!"7月24日上午9:31,耿阳发来孔轩的录取信息并留言:"校长,孔轩被录取到附中。"我回复了大拇指和鲜花的表情包。

孔轩通过耿阳老师转来的留言如下：

致姚校长：

姚校长，信本来去参观学校的时候想亲手给您，可惜没有碰见。那我就把它拍下来，请黄老师帮忙转达。只可惜您就闻不到信纸的薰衣草香啦！[此段是15日写的（本书作者注：可能是16日）。]

今天天气不错，柔柔的风迎面吹来。我终于来了，这个我从未去过却万分想念的地方。我们一到学校，黄老师就来迎接我们，带我们参观了整个校园。这里好美，绿树成荫，花草茂盛，建筑错落有致。我想，我更加坚定了自己的目标。希望9月她会成为我的母校，也算满足了我六年的念想。

最近我总是很烦恼，因为填报志愿的问题，我和爸爸妈妈的意见不太一样，他们希望我能去上海峡中学（化名），我很无助。他们说我不能遵循我的选择，他们说我偏执，在他们眼里，一个女孩多年的梦想，只是一个荒诞的笑话。

我又想起我初三那段冲刺的日子——夏日的风吹动着纷扰的心事和堆叠的纸张，日历在流淌的光阴里一页页撕下，沸沸扬扬的阳光舔舐着木质书台，不知疲倦的笔尖在试卷上写下属于我的未来。那是属于我的夏天，在日日夜夜的期许里对着白昼和梦境许下滚烫的誓言，怀着满心欢喜向着远方的山海眺望，身后是平芜尽处的春山。那个女孩的眼里闪着光，她要去的远方，是厦大附中。

也许因为三年前的遗憾，厦大附中已经成为我的执念。我会努力去说服爸爸妈妈，毕竟我已经等了六年。倘若我有幸见到您，不知道您能不能认出我来呢？（此部分是17日写的）

  敬祝
诸事皆宜，喜乐长安！

那四页手书的内容如下：

致厦大附中姚校长：

见字如晤，展信舒颜。

不知突然给您写信会不会突兀了些？听到厦大附中开放日的消息，我高兴得不得了。我等得太久太久了，赶紧收拾收拾，明天我就要去厦大附中啦！厦大附中，我来啦！

您会不会惊讶于我的热情？其实我真的太开心了。我与附中的故事，那可说来话长了。

2017年夏，姐姐通过了厦大附中自主招生（六年制）的考试。她口中对那所学校的描述，无不充满欣喜与自豪。于是第一次，那所远在几十公里外的"很厉害"的学校，成了我的心之所向。

当时我什么也不懂，只听姐姐说那场考试可难了，要学好奥数才行。于是我接过她手中的《小学同步奥数》，沉浸在题海深处。我还把"厦大附中"写在课桌角落，朝思暮想。我等了三年，胜券在握时，却接到了停考的消息。

这个打击是巨大的，我甚至恨自己生不逢时。后来姐姐花了很长时间帮我走出来。我咬牙告诉自己还有三年，我还可以作更充分的准备。向上的路是极其难走的，可"厦大附中"是个多么耀眼的名字，无论如何，我都会义无反顾地追逐。厦大附中被我做成了贴纸，贴在课本笔记的扉页，我没有忘记初心。

今年姐姐高三，她有个坚定的目标，所以一直心无旁骛地努力着（当然啦，她圆梦高考啦！）而同处毕业班的我，却畏惧压力想当逃兵，还嚣张地说："又不是什么大事，我就这样也能上海峡中学！"姐姐那天是这么说的："网上有句话很火，'最怕你一生碌碌无为，还说平凡难能可贵'，面对你优异也不是、平凡也不是的成绩，流逝的时间里，你大可以继续笑闹着走过初三。于是本该你执笔为刃、驰骋疆场，最终抱着侥幸或遗憾，走进一所平凡的学校，然后潦草地度过平凡的一生。那么，多年以后，当你回望青春，是否还记得儿时童言无忌的梦想，记得那个你守候了几年的光，但这些终将湮灭于光阴蹉跎。你，会后悔吗？"我不说话了。于是她接着说："或许这是个无解之谜。人生确实不只有读书这条路，但它却是众多岔路中相对平坦的一条。你总说成绩不重要，因为你认为厦大附中或海峡中学都只能代表过去，代表不了将来。但你错了，以后你会发现，努力是一种习惯，它会贯穿一生。"我突然醒悟，重拾初心。因为心中有光，少年一步一脚印，不惧岁月长。

  一路上，姐姐一直是我人生成长的引路人，而她一直引以为豪的母校——厦大附中，更是我永远的指向标。

  我一直好奇：究竟是一所什么样的学校才能培养出好的人才？我想厦大附中就是。我姐姐在那里生活了六年，她学习刻苦，总有一股拼劲；待人温柔、友善，极具亲和力；热爱浪漫的事物，比如鲜花和大海，始终对生活保有一颗热气腾腾的心。还有，我在公众号上了解的黄培江学长，积极上进，不畏挫折，最终金榜题名。厦大附中提供了舒适和宽松的环境，于是他们没有成为学习和高考的"奴隶"，反而养成附中独有的学子风貌，如同您所说的，要"做幸福的平凡人"。

  常有人告诉我：何必如此执着呢？海峡中学之类不也是很好的选择？可是没有办法，谁让她是我的梦想，即使追逐那素未谋面的学校……可我向来是个爱死磕的小姑娘。这个时代大家普遍很丧，喜欢讥讽和嫉妒，我觉得有梦想又爱死磕，真的很带劲。

  14号中考成绩放榜了，我的数学发挥得不好，实在有些可惜。但可喜的一点是，10个科目评级全部A，也算是没有给这三年留下遗憾。厦大附中是我的首选，也是唯一选项。虽然我的749分不算很高，挺担心能不能被录取，但我咨询了黄老师，他热情地邀请我去校园走走，告诉我录取应该没问题，我总算不焦虑了。过几天就填志愿了，真的十分期待这个夏天最棒的好消息呢！

  有些晚了，该休息了。明天去厦大附中的路上，一定连风都是甜的！

  敬祝

平安喜乐，万事胜意。

孔轩
2023年7月15日晚

下面还有铅笔写的说明："字写得有些丑，抱歉！""本来想给您发邮件的，居然不知道您的邮箱。""我一直都很喜欢手写信，这让我感觉十分舒适。我给您挑了熏衣草香的纸，虽然比不上薛涛姑娘的浣花笺，但您闻着应该挺香吧！"E-mail 上的那串数字是她的电话号码。

二

从不为人所知到今天成为众多孩子向往的学校，我们走过并不漫长也并非平坦的路。建校初期我就经常和同事们说，口碑是最好的评价！特别是在对学校质量缺乏科学、权威的评价的当下。

俗语说，金杯银杯不如口碑。对重点中学来说，高考一本上线率和名校录取人数特别是顶尖名校录取人数，大概可以用"金杯""银杯"来表彰；对普通中学来说，很高的本科上线率，大约也应当获得"金杯""银杯"。但是，有了"金杯""银杯"未必一定有口碑，还得具体分析。"金杯""银杯"不能代表所有学生和家长的直接感受。对于一所学校的教育质量甚至只是高考总体成绩的评价，不同的人会有不同的结论。一要看各人的收获，二要看各自的立场，三要看能不能做到客观和全面。为什么有很多"牛"校，在升学率令人羡慕的同时，却让很多学生和家长怨气冲天？原因是这些学生没有得到应有的关注。他们对自己的成长很失望，对学校和老师很失望。在教育服务体系里，获得尊重和公平是最起码的需求。如果身处充满歧视和不公平的、恶劣的、非正常的、非人道的、过度竞争的环境中，大多数同学是不会爱学校的，即使他最后考上了一所不错的大学，哪怕考上顶尖名校。

在高考成绩缺乏官方统计公布的权威材料而小道消息满天飞的情况下，学生和家长的口碑变得更重要。口碑是更符合实际、更贴近人心的评价。口碑源自学生和家长的真实感受。学校的社会形象离不开学生和家长的口碑。光靠做广告、发短信、搞活动一类的形象工程是建立不起来良好的社会形象的。学校自然可以用一两个吸引眼球的数据来自夸，但学生和家长的评价更简单、更直接：三年的生活愉快与否？与初中成绩相当的同学相比，进步了没有？这两点非常重要。如果高中三年生活愉快，而且学习成绩进步显著，学生就没有理由不爱学校。

我一直在思考，附中的学生和家长为什么感激学校、感谢老师？为什么他们要动员亲朋好友到附中来读书？我觉得这首先与我们的办学理念有关。我们的理念是"以人为本，以德育人，自立立人，和谐发展"。我们面向教育本质，努力培育和提升教育服务品质，用合适的教育办学生喜欢的学校。我们遵循"教育无非服务"这个教育理念，坚持干部服务群众、行政服务教学、全校服务课堂、全员服务学生。这个服务品质中最重要的因子是教师素养。厦大附中的教师是当今社会最专注、最尽职的群体之一。学生享受着优美的校园风景和完备的教育设施，在最接近"理想的师道"的教师的引导下，不断体会着成长的快乐，他们一定会公正评价学校，会热爱这所学校的。我们没必要也做不到感动中国，但我们可以做到感动学生、感动家长！

口碑来自哪里？首先就来自我们的学生。今天，一个家庭，不，一个家族，只要有一个孩子就读附中，其他的孩子，如果可以选择的话，一定首选附中。口碑是最好的评价，我们要倍加珍惜，也要倍加呵护。得来不易，失去容易！

不久前，2020届游湘（化名）同学给我留言：

姚校好，我有一个表妹今年刚中考完，因为经常听我描述附中，所以从初一开始便很向往在高中能到厦大附中学习。因为今年招生政策有变，她参加了南湖中学（化名）提前批自主招生考试，考上了，便没有选择其他学校的机会了。我看着她从初一到初三成绩越来越好，稳定在年段前几，是抱着高中能到厦大附中就读的信念才能一直走到现在，作为姐姐，我真的很心疼。原先没有接到学校的通知她以为没有考上，很开心。第二天学校打电话来说是漏打了，通知她去报名，报完名回来她和她妈妈抱着大哭了一场。她妈妈也知道一路走来，她追求的目标，满书桌的那些励志语和厦大附中的微信背景。本来一直期待中考出成绩，对她来说现在好像也没有意义了。我安慰她相信一切都是最好的安排，她总能以更好的机会去到附中的！考上了南湖中学提前批，对她来说不是一件开心的事，就像一直支撑她经历初中三年的柱子突然断了,与向往的学校好像完全没有了交集。虽然只能慢慢接受,但是心里还是会有遗憾。附中对于已经毕业的我们、还在附中的学弟学妹们以及对附中满心憧憬和向往的学生们,都是白月光一般的存在,在无数个奋斗的日子里激励着很多人向前,成为更好的自己。

她随后发来她表妹朋友圈的截图。那段文字是:"附中的花,我还没有看过。那是我从初一开始就想去的学校。看看网上厦大附中的招生视频,幻想自己走在校道上,穿着厦大附中的校服,和同学们穿梭在朝闻大道上,看学长学姐们到食堂抢饭,在操场上吹着附中的风……无数次无数次,我看着附中的公众号,亲切的校长、老师和食堂阿姨,想着要是能上附中该有多好!我存下厦大附中的照片,放在相册里不断翻看,微信背景也是附中校刊上的一页。厦大附中的一切看上去都是那么美好,可是没有可能了,我没有机会了。附中招生的老师尽力挽留,爸爸妈妈也想让我去更好的学校,可是,希望或许也很小吧,我真的很想很想在那所学校里度过三年!在报名的路上几度哽咽,我看着南湖中学大门,以后,真的要在这里上学吗?报名以后回到家里,我看到书桌上中考时写下的话,好难过好难过。记得考完自主招生那天下午,我在手心里写下'厦大附中'四个字,紧紧握着这四个字。三年来数不清写过几次了。支持我一直坚持下去的四个字,是梦里都会出现的四个字。再也不能成为附中的学生了,终究是无法如愿,或许只能在梦里如愿了。我的附中梦,贯穿我整个初中的梦。我多想去看看。"随后又发来她表妹朋友圈里关于附中的图片,留言:"这是从她朋友圈里截取的一些照片。希望校长可以给她一些鼓励。"我回复:"谢谢你们对附中的深情!你放假陪她来玩玩,我都在学校。来之前约一下即可。我会送她一本书留念。读书终归靠自己,在南湖中学照样可以实现自己的理想!"她回:"好的!谢谢姚校!代问余老师好!"我回:"谢谢!我一定要送她一枚附中的校徽!"她回:"谢谢姚校!她一定会很开心!"

说心里话,如果我有录取的权限,我一定会录取她。

三

7月24日傍晚，我到传达室接访客时顺便拿报纸，在报箱里看到一封不知来路的EMS。我担心是学生或家长写给我的信，当即打开一看，果然是学生的信，还有两张照片。在和客人一同到办公室的路上，我一目十行地浏览了一遍，深为感动。看到第二行她的名字时，她的形象就浮现在我的脑海里。虽然偶遇只是一次且已过去一周，但她的名字我不仅记在手机记事簿里，更记在心里。送走客人后，我又打开看了一遍，看到开篇"昨天"两个字，我就翻到第二页看最后的日期——"7.17"——已过去一周，我有点着急，怕她失望，虽然换好衣服准备跑步，但还是匆匆给她发了条短信："子洋（化名）同学好！你的来信我刚收到。那天有同事拍了我俩交谈的照片，你加我微信（手机号），我发给你。你被录取到哪个学校了？厦大附中姚跃林。"巧的是，24日上午全市中考录取放榜。很快，她回复我："姚校长好！我即将作为高一新生加入附中大家庭啦！"

我有些疑惑，一封EMS怎么会在路上跑了一周时间？我仔细看了看贴单，打单时间是7月20日晚6:14，发出就迟了三天多。收件人是"校×××林"，电话是"68××222"。她没有我的手机号，我并未收到有EMS的信息，"222"应该是教务处的电话，所以都是些无效信息。门卫师傅凭这么一点信息就将这封信放到我的报箱里，也算是很具备"附中专业性"和服务能力了，否则，我完全有可能收不到这封信。

这封信的全文如下：

敬爱的姚校长：

您好呀！我是昨天开放日参观附中，与您在艺术楼二层相遇的那位同学，我叫子洋。

我是2023年的中考生，早在上小学的时候便十分向往附中的学习生活，但很不巧的是，小升初时由于政策调整，没能考进附中。当时的我因此难过了很久，这也成为难以抹去的一大憾事。

后来，我上了中学，就读于太武中学（化名）。我开始通过附中的公众号了解附中，也从在附中就读的同学们的口中窥见附中的一草一木、一点一滴。每每读到公众号的"校长手记"的故事，我总会感到扑面而来的亲切。那一个个小故事犹如寂静黑夜里的一盏盏明灯，温暖着我，也治愈着我。感慨之余，我也常常会想象自己在附中的生活，想象在楼道里和您相遇的场景，但还是感觉这些对我来说很遥远。

让我十分意外的是，能够在开放日的艺术楼与您相遇，这是我完全没有想象过的。您比我想象中的还要亲和，笑起来比想象中的还要和蔼，一点儿也没有我一贯见到的校长的"架子"。一开始我竟没有认出您来，在问了您"贵姓"之后，内心一阵喜悦——我一直以来最敬爱的姚校长，此刻就站在我面前，与我握手谈笑！在与您的交谈中，我感受到的是无比的轻松和愉悦，如沐春风。您还向我一一介绍附中艺术楼教室的分布以及附中学子们的生活，让我感到无比亲切。后来我走上了三层，这才猛地想起一直期待与您合影一张，却因太过惊喜、激动而忘记了。待我奔下楼寻找时，艺术楼里已不见您的身影。不知同行的老师们有无拍下我与您交谈的一幕？如果有的话，我希望也期待着能够收到照片！

这是我第一次如此郑重地写下一封信并将它送出。本人文笔并不出众，写信也生疏，但我努力将我内心最真实、最想说的话都表达出来。另外，有一个念头早已在我的脑海里酝酿了好多年——

姚校长，我可以成为您的一名小友吗？（在见到您之后，下定决心问出这一句了，终于了了心愿。）

今天鼓起勇气给您去信，也带着真诚的期盼，措辞如有不当处，还请您多多包涵啦！

另附上我家的住址以及我本人的联系方式（本书作者注：信息略）。

最后，祝亲爱的姚校长万事胜意，平安喜乐！

子洋
2023 年 7 月 17 日

下面另附上我的两张照片（本书作者注：照片略）。

7月16日近午时分，我和总务处炀宾主任、学导中心杨越主任一起到艺术馆现场商量"校友榜"设计制作时，遇到到校参观的子洋同学。我主动和她打招呼，问了她的名字并记录在手机里。我相信，即使她不写这封信，再见到她，我仍然能喊出她的名字。我收到了她随信寄来的两张照片，我感觉已经很久没有洗印过照片了。她收到我的短信后很快加了我微信，我把杨越老师拍的照片全发给了她。

并非尾声

今天上午，子洋和家人一早来到我的办公室，我和他们简短地聊了一会儿，送给她两本书，一本是我自己的，还有一本是附中一位学姐刚出版的书。孔轩呢，也印证了她说的"倘若我有幸见到您，不知道您能不能认得出我来"，在礼堂边，她喊"姚校长"，我说"孔轩"，我们就这样接上线了。她随我到办公室，我和她也简短地聊了一会儿，也同样送给她两本书。我自己的书也是刚从当当网上购买的。而游湘的表妹，我们已约好校友日在游湘回附中时会带表妹过来，我也给她准备好了礼物。

2023 年 7 月 31 日

你就是附中的"招牌"

2022年11月14日晚，2021届毕业生张铃校友发了一条朋友圈，文字是："附中有一个回不去的我，是我思念却不敢归去的'理想国'。"发了三张图，第一张、第三张是一篇完整的无题文，中间是亦乐园铭石。

无题文全文如下：

不知怎的，最近总想起在附中的日子。特别是在午休的时候，有一种身上还照耀着附中阳光的恍惚感，仿佛下一秒就要蹬着铁梯子跳到地板上，收拾书包到开水房排队装水，闻着各式各样洗发露的余香。透过小小的窗口，听鸟鸣，听风响，在脑海里构筑到教室的方向。偶尔下楼，会看见在花坛边摊身子的野猫。想来，大概是厦门的天气和漳州港的别无二致却让我无从分享，才勾出明明只隔一年但已经断断续续的记忆来。

大概很长时间都不会有像附中一样的存在，让我久久觉得复杂难言。离开附中以后，我见了许多人对附中毫不掩饰的倾慕与热烈。也常常自惭形秽，觉得我的结果砸了附中的"招牌"。我很遗憾，我与这样一个美好的地方不匹配。我向外表示附中的好，分析它的独一无二，但"我是附中人"这句话总让我难以启齿，我常将这份荣誉埋在心底。高三末端的日子，我极度想要逃离。尽管有老师的关怀，我还是掰着手指头数高考，搬到最后一桌给自己筑一个喘息的牢。六年时光相处，在附中我却依然紧张而不自在，总感觉下一秒要被吞噬。当我踏在路上，每一缕阳光照着的时候，我深深觉得我不属于这个地方。

但无可否认，就如我先前所说，附中带给我的是目前任何一所学校都无法取代的。尽管我失败的单向恋在附中，我破碎的理想主义在附中，我的恐惧感与不安全感在附中，但我的恩师、我的挚友、我迄今最得意的成就、我最真挚的情感与挣扎，也在附中。附中有我不受压抑的飞驰的思想，有我无数的写作灵感与素材。附中给予了我充分表述自我的自由。在这里，幼稚的思想会被允许、被赞许、被引导，在讨论中深化，在交互中成长。附中的舞台广阔而开放，由外入里，皆可属真正意义上的人才辈出的地方。回想来，附中带给我的是更深层次的东西。最为明显的是，在附中的经历让我在大学里游刃有余。在思想上，我提前碰见了抑郁，碰见了解离，碰见了我的阴暗与低谷……于我而言，这是我终得以寻找自我的每一程的开始。现在我灵魂自由的每一分，是附中"做一个幸福的平凡人"的灵性在我身上觉醒的每一寸。

张铃于2015年秋季进入厦大附中六年制创新班，未参加中考直升高中，在附中就读六年，高考考入集美大学诚毅学院。集美大学诚毅学院属普通本科，而2021届附中高考本科达线率100%，她自己不满意可以想见。没能进入更理想的学校，既有实力问题，也有发挥原因，还有志愿填报的问题。按她的分数，她其实可以有更好的选择。记得填报志愿的时候，她还和我深入地讨论过，我建议她报考我的母校，甚至为她前后张罗了一阵子，但家里希望她留在省内，最终她被录取到集美大学诚毅学院汉语言文学专业。高三毕业前夕，张铃的作品集《数绵羊》正式出版，高考成绩发布前两天，我们在文学馆为她和她的同学陈炫齐举办了新书发布会。炫齐同时出版了作品集《跳房子》。

她所谓的"砸了附中的'招牌'"，指的就是高考没考好。这于她个人而言难免有些遗憾，但于附中而言谈不上砸了招牌，400多位毕业生里，高考总有发挥不理想的，再正常不过。但我理解他们。我留言："老师为你、为你们自豪！"张铃回复："谢谢校长！我很荣幸在附中这个大家庭中生活过。在附中学习的经历真的帮助现在的我很多。"附中学子在附中时常面对的并非成功,更多的可能是失败,是暂时的失败,因为他们心中都有崇高的追求。正如我说的,附中给了他们自由,而他们学会了自律。同样,他们经历一次次失败,却在失败中通向成功。随后我又在她的朋友圈中留言:"反复读了五遍,有一句话一直在脑海中盘旋:你就是附中的'招牌'!你们每个人都是附中的招牌!我由衷地希望你们每个人都幸福快乐,未来以及现在!但我知道学业的压力客观存在,特别是在附中这种成绩优异的学生云集的地方。这也正是我想努力为你们减压的原因之一。然而,你们比我想象的要坚强许多,你们从中得到的成长比我想象的好很多。你们对附中的认可、认同让我惊喜和感动,我坚信你们的未来阳光明媚,未来的你们快乐幸福!你思想的深邃和文采哲理兼具的表达让我无比自豪!近在咫尺,常回母校。"张铃后来留言:"一打开朋友圈就看见您的回复,太感动了!"

张铃的"朋友圈"喊出了很多附中学子的心声,他们在附中美丽的校园生活、学习,表面快乐的背后背负着很大的压力。好在他们从中发现了人性的美好,领悟了生活的真谛,磨炼了意志,掌握了行走人生的本领。

2022年7月8—10日,我随厦门大学张荣书记一行赴宁夏固原参加厦门大学乡村振兴相关活动,其间得知2022届高中毕业生张锦琪的作品集《黑板下的旅行》和黄佳钰诗集《梅子熬成茶》正式出版后的样书已送到学校。7月10日上午11:26,我在返回途中经停武汉天河机场下飞机时,刚打开手机就看到锦琪添加我微信好友的请求,我随即就通过了,并立即给她发了大拇指和鲜花的表情包。随后不久收到她的信息:"姚校长好!昨天收到了我的书,我想终于把我中学时代的文学路画上一个句号。六年前刚到附中,当时参加夏令营时,郑凌峰学长的《局外集》让我惊叹不已,我当时就希望以后也能写出这样的书。后来我在附中学习、生活时,发现附中优美的环境总是让我有提笔写下那些瞬间的冲动,这几乎是一种出于本能的反应,加上老师们也一直在鼓励我,后面便有了《黑板下的旅行》。谢谢姚校长给了我这样的附中!毕业典礼那天,您跟我说,总是把我们的毕业照看了又看,让我们常回母校看看。原谅我比较内向,当时的我无法表达我的感动。谢谢姚校长!谢谢附中!"我回复:"热烈祝贺!没能完成你交给我的任务非常抱歉!

我出差在外，回去商量举办新书发布会的事。"锦琪曾请我给她的书写序，但我因各种原因婉拒了。她留言道："谢谢姚校长！其实新书发布会可以不用了，因为我也不是一个很善于表达的人，我怕到时候会很尴尬。还有就是，这次高考没有发挥好，作为一个严重偏科的典型例子，我想还是不带坏学弟学妹们了。新书发布会就不用校长费心。"所谓"带坏学弟学妹"亦如张铃的"砸了附中的'招牌'"，个中心思我是理解的。8月16日，我们在文学馆为她和黄佳钰举办了新书发布会，我全程参加。现场我送给她《让教育稍稍有点诗意》《怎样的教育能给人带来幸福》两本书，她也将她的《黑板下的旅行》签名送我。

我大约算是认识学生较多、和毕业生联系也较多的校长，但认识的、有联系的人数占学生和毕业生总数还是一个不大的比例。很多同学都会有这样的想法，觉得自己还没什么成就，有点愧对母校。我自己何尝不是如此。但我们在中小学乃至在大学读书的时候，通信手段落后，联系不方便，往往毕业后就再也没了联系。老师调动频繁，学校撤并频繁，几年过去，不仅老师不知所向，甚至连学校也没了，想砸了学校的"招牌"也没了机会。所以，我非常重视校友工作，成立了校友中心来专门负责校友工作，成立了校友会，让校友成为推动学校发展的独立力量。无论校友的人生成就如何，只要他关心母校，就是我们的教育力量。更何况他们刚走出校门，未来还有无限可能性，也可能将来使附中招牌更亮的恰恰是"张铃们"。

2022年11月18日

一封从"过去"寄来的信

这是发生在两年前的事。2021年6月13日早晨，在知行楼走廊上，一位心理社的男生递给我一封信，说："校长，我是心理社的。这是一封寄给您的信。本来应该11日给您，但忘记了。昨天又没找到您。"可能是看到我的脸上写满了疑问，他便解释道："信里面有名字。"我说："好的。谢谢！"因为来自心理社，我就有点紧张，回到办公室便急忙打开，原来是一位高三毕业生写给我的。因为要急于看完全部内容，以至于开头两段的内容开始并没有看明白。我拍了信的第一张发给高三10班班主任余家仓老师和语文任课教师詹佩老师，让他们帮我辨认一下，他们很快就猜出了是哪位同学写的。谁写的并不重要，重要的是这封信带给我太多感动。直到午后我才突然悟出这封信寄自"过去"。这封信落笔的时间是2021年1月10日的上午9:38，我开始误以为是6月10日的上午9:38，因为那正是毕业典礼结束后的时间。所以，这封信是写于五个月前的心理社举办的"蜗牛慢递"活动的最后一天。

我连看了两遍，有一种"被错爱"的感觉，觉得自己做得很不够，甚至觉得受之有愧。心里立即仿照陀思妥耶夫斯基的"我只害怕一样——那就是配不上我所受的痛苦"，默念了一句"我只害怕一样——那就是配不上这么可爱的学生"。冷静下来后，我给她写了一封短笺以表达我的谢意，拍下来后请家仓老师发在他们的班级群里。

2020年4月28日，我在《中国教育报》上发表了《优秀教师自身就是优质课程》一文，认为教师的一言一行都是教育资源。读了这封信，更觉得教师的一举一动均难"逃"学生的眼睛，故可以说"教师即课程"。最优秀的教师，他的人生和事业是浑然一体的。我已从教40年，深感做教师是幸福的，深感在附中与这些孩子同行是幸福的。我深知，我们的教育还存在很多难以很好解决的问题，但"道阻且长，行则将至"，我们要充满信心。爱学生、爱教育是师心师性，潜心服务学生成长是教师的职业属性，尽管我们每时每刻都面临困难，但明晰了这"两性"就会豁然开朗。

善良亦为师之根本，教书育人岂可汲汲乎图报！教育无非服务，服务是一种信仰！我们勤奋工作，不是为了感动中国，不是为了感动任何人。反之，不能因为感动不了中国就放弃我们的教育信仰，就停止为学生服务！

这封长信全文如下：

亲爱的姚校长：

见字如面！

当您收到这封来自"过去"的信件时，我应该已经离开校园，同这所陪伴了我三年高中生涯的中学告别，奔向未来。

很感谢心理社举办的"蜗牛慢递"活动，让我有机会"跨越时空"。我是2021届高三10班的同学。"昨天"应该刚举办完毕业典礼吧？不知您对我们说了哪些寄语？我们是否握手或是拥抱？有没有泪流满面？不知道过几天成绩出炉、揭榜时我们这一届又会创造怎样的辉煌？

虽然这"辉煌"大抵与我无关。我只是一个普通的"小透明"，不是奥赛金牌得主，不是新概念作文大赛获奖者，不是C9联盟高校的准大学生。我并不出类拔萃。当然，我写这些不是在妄自菲薄，只是由衷地感叹校强我弱。但我以为，无论高考的结果如何，我都不悔三年前填中考志愿时的那个决定，不悔与厦大附中共度的三年时光。

三年前，不，应该是六年前。2015年，我第一次听说"厦大附中"，第一次来到厦大附中，参加六年制招生考试。当然，只是个尝试，我深知自己的水平不及六年制创新班的水准。太难了！2018年，我再次来到厦大附中参加自主招生考试，争夺那30个名额。早已知道结果，便只当是个尝试。没关系！中考还有机会！中考肯定能上！不负所望，果真被录取。当时我还特别激动地将录取结果截图,打上马赛克,发到附中贴吧,并配文:"从今天开始就是厦大附中的人啦!"不过小有遗憾的是,当年只差4分就能同自主招生的30名"大佬"及中考名列前茅的"大佬"们同在"火箭班"学习。但过去的事如今再提也无意义啦!我仍然在附中过得很开心!

不过高一有段时间我活得很压抑,什么原因就不细说了。父亲甚至问我:"要不,转回来读吧?"我很震惊父亲提出的这个提议,立即、果断地摇头拒绝了。

我不想再夸赞附中的条件有多好,大家有目共睹,不叙"废话"。不舍之情竟从毕业前几个月,甚至是一年前就已产生。成为成千上万名校友中的一名,将来和学长学姐们共赴"校友日"之约,想来是有点期待。但看着学长学姐们无比怀念附中,我又不想和他们一样"饱受相思之苦"!都说附中人有一种附中情,我想,确实如此。

我热爱且不舍,感恩且难忘附中的一切:一花一木,一砖一瓦,每一张笑脸、每一双帮手、每一次活动……感恩附中的老师,Respect!附中的物业,办事效率很高,食堂菜色便宜又好吃……未来,只能看学校公众号、校园网站、网上发布的相关消息,然后和学长学姐们一样,转发、配文:"好怀念,好想她,好爱她。"同时劝勉仍在校的学弟学妹们珍惜附中校园时光……我竟从"现在"就开始难过。

仍记得2018年入学的那个开学典礼,天公不作美,我们在操场集合时开始下小雨,原以为我们得在操场上淋一会儿雨,没想到您只匆匆讲了两分钟就结束。那时我便在下面感叹:这是我参加过最短的开学典礼,出乎我意料的校长!原以为您会经常在晨会上讲东西,没想到并没有。印象中,三年来您只在晨会上发言了几次,有两次都是关于"看书"的问题,教我们要尊重人。其实,我最期待的就是您发言,很喜欢您在会上说点什么,然而,机会很少。

我很喜欢看您的博客。在校园网站上阅读"理想国"的博客内容,亦是我课余生活的调剂。看着您笔下的、发生在我们校园里的故事,就觉得很有趣。我的同学们曾有幸被您写进博客:2018年中秋,他们在操场赏月,您还和他们合了照，还有"何不来个中秋赏月大会"的想法。我心生羡慕。当年照片中的同学们还是高一刚入学，如今已是高三毕业了……不过，校长您更博的速度好慢，希望您能抽空多写点校园故事，让已毕业的我们多了解一些发生在附中的故事，同时也是一种欣赏。

赏月的同学中有一名是您的夫人余老师的最后一批学生之一。我清楚地记得余老师退休那天，她的最后一节语文课下课，您早早地"藏"在我们班后门处，手捧一束鲜花，等待着她。同学们将楼梯、走廊围得水泄不通，那场面真的很像"追星"现场。余老师快出来时，我还告诉您要站好点、站直点，现在想来似乎有点不礼貌，Sorry！常见您和您的夫人在校园内漫步，或是一起在食堂用餐。我见着您，点头问候"老师好"，您也点头或招招手，"你好啊"，让人觉得格外亲切，而不是像有些老师只是随便敷衍，应和地点个头，再答一"好"字。那天在食堂，看见某个"附二代"（本书作者注：我们将父母来附中工作后出生的孩子称为"附二代"）在您收餐盘时向您跑去，大声喊："校长爷爷！"然后抱住您，您停下来摸摸她的头，说："你好你好啊，吃饭了吗？"这一幕格外暖人。可惜当时我没有相机，没能记录下这一刻。

不知为何写下这些文字。向您写下这些文字，可能这是一个不舍别离的青春期的高三女生，在毕业前的真情实感终于被记录下来，被一直尊敬、喜爱的人看到。这代表一个人告别她人生中重要的、不可遗忘而又值得骄傲的三年，告别唯一的高中时光，告别她热爱的附中土地。三年，不是这四页纸能记录下来的，谨以此为我高中生活的结语。

愿您身体健康！祝厦大附中越办越好！

我们，未来见！

2021届高三10班某同学
2021年1月10日　上午9:38

阅毕我立即给她回了一封短信，用软笔书写的。那一刻我还不知道她是谁，就拍照给班主任余家仓老师，让她发在班级群里，算是回复。因为又延迟了一天，我怕她着急或失望，所以有点迫不及待。我的短信全文如下：

亲爱的"2021届高三10班某同学"：

  来信今晨收到，阅毕我流泪了。谢谢你！谢谢你们！我想以后我们一定有机会畅谈，这里就不多说。谨以此笺致以谢忱，同时告诉你放心，信我收到了。我会珍存你的来信，将来要收藏在校史馆。

  谢谢你对附中的一往情深！这是我和全体同事努力办好附中的最重要的动力。我们唯恐辜负你们的一片情谊！显然，对学校的评价是复杂的社会学问题，但我们更看重你们的口碑。办学生喜欢的学校是我们矢志不渝的追求！

  高考很重要，但真的没那么重要！再也别说"校强我弱"好吗？期待你们的好消息！但还是祝愿你们做个幸福的平凡人，同时还是个灵魂上高贵的人！

  感谢你关注我的博客！因为莫名的原因，我的网文很难发出去，故2020年1月9日后，我停止了博客更新。我为附中而写，为你们而写，是不会停笔的！这些文字将来会以其他形式与你们见面，敬请关注！

  请记住我在毕业典礼上说的，相信世界是美好的！假日快乐！常回母校！附中是你们永远的家！

姚跃林　匆草
2021年6月13日晨

  傍晚，我在微信上发了一条朋友圈，将这两封信共计六页纸拍照全放在上面，并留言："朋友们不妨花点时间看看这孩子的信。我读后颇有一点'被错爱'的感觉。现在我已猜出她是谁了，但我并不急于和她'面对面'，我想'她'就是那一群纯白少年。"这条朋友圈引来很多点赞和留言，其中最长的一条是这样写的："无意中读完这两封信，我也泪目了！为这位同学的真情流露、为您的迅速回复和对一颗纯真少女之心的尊重与珍惜！我想，当人们读完这两封信的时候，应该能大体明白厦大附中能够在那么短的时间内异军突起，并将一直被教与学之人挚爱的原因了！因为这里，不仅是传授知识与技能的场所，更是美好心灵平等交汇的'理想国'！教者把她当成自己的家，小心翼翼地照料着每一棵幼苗，用自己的言行去潜移默化地影响每一颗幼小而又敏感的心灵，因为老师的言行举止就是最好的课程！学习者更是发自内心地热爱着、'膜拜'着这块他们心目中的学习殿堂，如饥似渴地、'贪婪'地吸收着各种营养，因为这里有他们喜欢的师长、美丽的校园和平等自由的空气！这一切毫无疑问将影响他们的一生！谢谢姚校长！谢谢可爱的同学们！谢谢所有为附中做过贡献并以附中为荣的人！我为附中骄傲！"众多的留言如同某同学的信一样让我感动并备受鼓舞。

6月14日，我将这件事记录下来并将两封信都录入文档，6月20日晚10:26，我将这个文档连同两份手稿的图片通过微信发给了高三10班陈奇桢同学。奇桢在6月10日毕业典礼离校后的那天下午加了我的微信，直至20日晚，她也没有提写信的事。看到我发过去的文件，她立即回复："哈哈哈哈，救命，原来您真的猜对了啊！"我回了个大拇指和鲜花的表情包并留言："回学校时我送你两本书。"她又回："没想到您真的猜对了。"

前不久（2023年），我和她讨论附中对他们的影响，谈及告别附中应该带走什么的问题，她给我回了长长的一段话：

校长好！毕业已近两年，我也在教育学院学习了将近两个学年。我相信将来会有不少学弟学妹和我一样，选择或者被迫选择与教育相关的专业。其实于我而言，对我教育观念影响最大的不是这两年来的理论学习，而是在附中生活了三年的所思所感，附中如何教我，影响了我将来如何去"教别人"，她是我最初的"教育学院"，我从附中带走了一些教育理念，我心中已有一个如何当一名好教师的雏形。我想说，附中的老师如何对待学生，如何处理学生遇到的问题，极大地影响了学生以后如何解决问题。我明白每个老师都不一样，但是一些老师不太合适的处理方法，或者自认为恰当的解决方式，其实并不能很好地发挥作用甚至有负面作用，比如复杂的人际关系问题。附中的高中是寄宿式学校，学生这三年接触最多的是老师与同学。除了知识上的传授与答疑，教师极大地影响了学生的价值观形成。不能只把"教师"当作一份"混口饭吃"的工作，而是"唤醒人的灵魂"。在这之前，价值观的形成诚然与家庭教育息息相关，但当家庭教育不到位或不合适时，教师即要发挥他们的价值，或许影响家长，或许影响学生。而对于将来没有从事教育相关专业的学弟学妹，我相信附中的教育，也将会影响他们未来如何为人父母。其实我也是个矛盾的个体，我一面恐惧于站在讲台上面对几十个学生传授知识，一面又想将附中"有温度的教育"传递给更多的人。这些是我作为一名大二年级小学教育专业的学生的一点拙见。

此外，我希望您可以和学弟学妹们谈谈"内耗"问题。继"内卷"之后，"精神内耗"这个词盛行。我觉得这也会是很多校友想要听的。走出附中后，我们不再只为学习、只为高考，而面对更多人生的课题，我们有更多的时间去思考，但又不能想得太多，或许敏感，或许不自信，从而陷入自我怀疑的内耗之中。在附中"幸福的平凡人"之下，如何摆脱精神内耗，我想您的文字会给校友们及"未来的校友们"一些启发。如果您无法在毕业典礼上言说，我也期待着未来的某天能够在公众号上看到。给那些内耗中的校友们一点指引，我相信会有很大帮助。

以上是我的一些个人看法，不知是否会有帮助。提前祝愿学弟学妹们取得好成绩！

谢谢奇桢给我布置的作业，我一定认真完成。从这段文字中我们能看到奇桢的成长。附中"是我最初的'教育学院'"，这句话新颖而有内涵，值得我和同事们永久回味。

2023 年 5 月 18 日

一千次的微笑

昨天傍晚,我参加完党委民主生活会,从会议室回到办公室,看到桌子上放着两张彩笺,浅黄色的纸张,上面有粉红色的卡通图案,是高三1班林淳恩同学给我的留言。

一张彩笺的背景是卡通狗放气球,还有英文"enjoy"以及中文"打败不愉快"。留言很短:

亲爱的姚校:

常听您说喜欢同学们脸上的笑容,今天才有真切体会,特与您分享今日份的喜悦。

淳恩

2023 年 3 月 3 日

另一张彩笺的背景是大大的卡通狗或者小熊之类的,我无法确认。还有英文"HAPPY"以及中文"尽力做个可爱的小朋友就好"。留言稍长:

体育课和同学上了逸乐山(本书作者注:亦乐园)。偶遇附小五年级小朋友,他们脸上洋溢着灿烂的笑容,眼里闪烁着璀璨的光。我看见他们用"今天爬了一个山,这山很高"这样稚嫩的语句记录下此刻,我听见"我一定要上附中"的坚定语气。不知起因,我们被他们簇拥,要求我们留下签名,以作"他们来过附中"的证明。我写下:"加油!厦大附中等你!——幸福的附中人。"此刻,我的内心也充满了希望的光。

2023 年 3 月 3 日

淳恩是个女孩,是一个朋友的朋友的孩子。受朋友之托,所以从进校开始我就认识她。她带给我的最深刻的印象就是笑容可掬、天真可爱、热情大方。她高一进校的成绩基本垫底,但她用开朗进取赢得了进步。只要照面,她从来都是笑容灿烂,在室外她还要辅以招手,所以,我觉得至少有一千次看到她的微笑。

我们几乎天天见面,但很少长谈,她也没找过我帮什么忙。去年 3 月,她给我写了封信,不过也是为了写信而写信。那封信的全文如下:

亲爱的校长:

您好!

多少次,经过校长信箱,总是蠢蠢欲动,想写点什么。奈何附中生活过于完美,实在没有建议可提。刚才在食堂遇到您,发现您对科比似乎还挺不了解的,虽然我现在也没有很了解,不过,重点在于,写信的机会终于来了!于是我决定和您分享我上周买的两本书!

在此之前,虽然常听人提起 NBA,但我对它的印象仅仅停留于篮球、科比、乔丹等,以及初中后桌同学挂在嘴边的斯蒂芬·库里,但我一直无法理解,AJ(Air Jordan)球鞋为什么那么火?NBA 到底有什么好看的?反正我是不感兴趣,也没有想过了解。

上周月考前,我翻看作文素材的时候,第二次看到科比的"曼巴精神",虽然成功运用到了考场作文中,但我对此并没有深刻的体会。3 月 17 日上午考完最后两科,那天中午,我照例去书店买课外书。突然!我发现在书架底层一排足球、篮球明星传记中间,有一本红色封面的"迈克尔·杰克逊与他的时代",我一边被它的封面吸引,一边奇怪于迈克尔·杰克逊与篮球有什关系。视线转到旁边的《科比自传》上，不知是不是为创新作文的复赛准备素材（实在不知道写什么了），我莫名对它有了兴趣，一看简介上写着：科比对篮球技巧的解读。我瞬间失去了热情，还是看他人整理的故事吧。我又看向刚才那本书，这一次，我发现，它是《迈克尔·乔丹与他的时代》！好吧，刚才是我看错了。于是，出于对"科比"莫名的兴趣以及对封面的喜爱，我买了它。

回到宿舍，我迫不及待打开书，一开篇就吸引我了！我一页一页往下翻，渐渐发现好像哪里不太对劲……原来这本书写的不是科比！乔丹和科比不是同一个人！一开始阅读这本书，入目全是陌生的名字：张伯伦、詹姆斯·沃西、哈肯·奥拉朱旺……尽管一边对照人物索引，一边翻看前文，还是分不太清楚，却极有阅读体验：对局真的太精彩了！就像看电视剧期待主角逆袭，我也为乔丹下一步会如何化险为夷、创造奇迹而感到好奇。一页接着一页，一个中午就过去了，我对篮球产生了极大的兴趣，并在那天下午放学买了《科比·布莱恩特全传》，打算利用课余时间翻看。随着对这两本书的阅读，我渐渐记住了许多球星的名字，对魔术师埃尔文·约翰逊尤为欣赏，也愈加体会到乔丹的伟大。

上周六下午放学，我对篮球不再止于书面兴趣，直接和女同学上手了。一下课，我们抓起书包就直奔东门篮球场抢占先机，奈何六个人都毫无实战经验，场面堪称菜鸟互啄。后来加入了四个高一8班的小学妹，本以为我们水平差不多，不曾想一开局就不是同一个水平，她们真的好会打！以至于五分钟后重新分组，高一高二两两组成一队重新开局，一个小时很快就过去了。虽然运动量远远超出预期，真的好累，但是真的好开心！这也让我对乔丹与科比有了文字之外的进一步了解。回宿舍"洗香香"，带上好吃的，到教室看电影，周六晚上心情美美的！

综上所述，希望您也能抽空看看这两本书，体会一下篮球的魅力！真的好看！科比也好看！（我比较肤浅）

接下来是一个小小的、不太成熟的吐槽：学生窗口的菜跟教师窗口的菜真的不一样！而且好久没有新菜了！教师窗口的菜每次看起来都很好吃，但就是不让学生点！明明周六周日中午没有什么老师在食堂吃饭，明明教师窗口还有好多吃的，但是就是不让我们点！

现在是下午1:54，我要准备去教室了。感谢校长用了宝贵的五分钟，看我写了这么多废话。祝您天天开心！

高二1班 林淳恩

2022年3月22日

我一边看她的信，一边脑海里又浮现了她的笑容，然后暂时就抛掉了所有的烦恼，自己也有一种轻松愉悦的感觉。在厦大附中，随处可见如淳恩一般阳光灿烂的笑脸，而笑脸背后是他们快乐的校园生活。当然，这丝毫不意味着他们的学习负担轻，这与他们的生活态度有关。我在2020年秋季开学致辞《附中因何而美丽》中说："厦大附中的校长是不可以偷懒逍遥的，但他可以是幸福的；厦大附中的老师是不可能轻松的，但他可以是快乐的；厦大附中的学生是不可能没有学习负担的，但他的面容是常带着微笑的。"附中因何而美丽？一个重要原因就是一张张笑脸。

七年级13班的郑泽松同学也给我写了一封长信，他在信中说："校长，您的笑容是多么治愈啊！没有一次看见您不是笑着的，这也许是大家喜欢您的原因之一。您的故事是那样的动人。我以前，看附中里的树就是平平无奇的树，而现在看，每一棵树都有属于自己的故事，像每个人一样的故事。"笑容是富有感染力的，只有面带笑容的教师才能培养出阳光灿烂的学生。

2023年3月4日

"老父亲"

周一至周四应邀到厦门海沧评估，走了四所学校。一天一校，参观、听介绍、听课、开座谈会、讨论、反馈、主持沙龙，每天都到很晚，颇有些疲倦。前天晚上8点，饭后与朱永通老师、姚春杰老师、羌达勋老师散步，途中看到2021届毕业生、现就读于南京大学的李昱圻校友发来一张图片，并留言："校长好！同学们都在转发这张图片。"我点开图片一看，是张请假条，上面写着："尊敬的辅导员，我们附中人在11月底是要请假回家看篝火晚会的，已经有三年的历史了。那里还有一个希望孩子都能成为'幸福的平凡人'的老父亲在等我。没有我，今年的火就旺不起来。望批准！"我知道那位"老父亲"指的是我，顿时感动得热泪盈眶。

回到房间，我翻看微信朋友圈，有难以计数的校友在转发这张图片，引爆了一轮思校情。例如：

陈炫齐校友（现就读于北京大学）写道："想念老父亲。虽然国际部草坪的草很扎屁股，但是仍然很想回去看篝火晚会。梦回福临'大佬'举火把点火的那一年。"福临指2020届许福临同学，2019年提前被保送到清华大学丘成桐数学英才班。2018年篝火晚会时，福临是点火人之一。

黄巧丽校友（现就读于福建师范大学）写道："真真想家了。朋友圈已经被这张假条刷屏了。有哪个中学的学生离开了却一直想回去，想的是学校的一切？只有厦大附中了吧。"接二连三地都是"想回去""转转转""假条""好想回去""我也是""我的假条""时时刻刻都在想附中"的留言、转发。

有感而发，我也发了一条朋友圈："不知因何而起，但令老父亲由衷感动。感动的同时就是幸福，幸福的同时就是感谢！老父亲也想孩子们了！我也觉得，你们缺席，篝火一定不是最旺的！相信你们的辅导员善解人意，一定会批准的。如果你们因故不能到达现场，老父亲一定让你们驾一朵祥云参与，那必定也是一次最美的遇见！"三张图片分别是那张假条和炫齐、巧丽的朋友圈的截图。为了和更多的毕业生分享篝火晚会的快乐，2020年的篝火晚会我们进行了网络直播，今年自然会直播。随后我又留言："篝火晚会今年是第六届。一切准备就绪。""老父亲最大的愿望是附中永远是配得上你们的附中！"我道出这个愿望并非自作多情，其实是说出了一直存于心中的隐忧。我已临近退休，我希望未来的附中还是我心目中的附中，是一所真正将学生当"宝"的学校。

为这条朋友圈点赞、留言的超过200人。"有老父亲若此，附中孩子真幸福。""感动，感恩。""我都想去了。""看到姚校长记录附中的点点滴滴，内心总是控制不住震撼和感动。""两三日看不到姚校长关于附中的朋友圈，总觉得生活少了些什么。早已习惯了通过您看看附中。甚是想念呀！"……2020届毕业生黄展鹏校友（现就读于福州大学）发了一条朋友圈："'老父亲最大的愿望是附中永远是配得上你们的附中'，老父亲的一番话打破了思家的最后一道防线。我们永远是附中的孩子，更希望是合格的孩子——做一个'幸福的平凡人'。"我说："孩子天生合格！"

昨天早晨，我看到2019届毕业生、现就读于中国人民大学（目前在国外做交换生）的王艺潼校友发的朋友圈："高考后和校长加了微信好友，每天都能在朋友圈看到好几条关于学校、老师、学弟学妹的消息。看到校长说，希望'附中永远是配得上你们的附中'，感动得不知道说些什么。附中给予我的，是我在和他人的相处中一遍遍确认、一遍遍明晰的那些东西。三言两语难以说清，但是随着离那六年越来越远，感受越来越深刻。我永远欠附中一句最诚挚的感谢。始终催促我前行的，其实是成为配得上附中的学生呢。"我边看脑海里边浮现出艺潼的笑容。当年高考前一个月，大概是拍毕业照那天，艺潼说找我聊聊，我们在办公室聊了很长一段时间，我送给她一本新著

《让教育更加尊重生命》，我的赠言是："不是所有的优秀者都可爱，而艺潼是。"也借此为她减压。她的成绩在全市名列前茅，高考前的最后一次市质检排名全市第二，但因此压力也比较大，高考发挥失常，我知道她郁闷了一段时间。显然，她现在已经走出来了，我很开心。

11月25日早晨7:17，我收到了2012届（首届）毕业生胡曾琦校友发来的微信："亲爱的校长，今日是感恩节，一睁眼就想到您，谢谢您。昨日的朋友圈看得我热泪盈眶，真的很幸运能到附中，能够遇到您。总有同事问我附中真的那么好吗？每次开会都有附中校长的传说，是真的吗？我每每都无比自豪地回答'当然'，都是真的，校长的所有事也都不是传说，他只是个关心家人、满心满眼都是附中的老父亲，他做的所有只会比传说的更多、更好。同事说一定要让孩子努力上附中。在附中收获最大的是幸福感，谢谢您和各位老师帮我们创造了这个美好的'家'。"曾琦是我的同行，研究生毕业后做了一名中学化学教师。

看到这条留言，我立即想起了2019年的母亲节那天，曾琦校友给我的留言："校长，在我心中附中一直是个大家庭，而您就是这个大家庭里面的'母亲'，关心照顾着'家里'的每一分子，无论是老师还是学生。从您的博客到现在的朋友圈，我看到了从老师生病到考虑'单身'问题，从学生用餐问题到校园暴力问题，游泳池建设从发现问题到据理力争……点点滴滴，看到了既刚毅又柔情的您，为附中倾尽全部的您。您是我们所有附中学子最亲爱的'母亲'。来到附中，遇到您，真的很幸运。祝您和夫人母亲节快乐！祝附中越来越好！"

刚才突然有个想法，想查找那张假条的来源，于是往回翻朋友圈，看到在我的朋友圈里第一次出现假条图片是2021届毕业生何灼然校友发的，于是我给灼然发了一条信息："灼然好！那张请假条是你做的吗？我的朋友圈里它第一个出现在你发的信息里，我没有及时看到，后来是李昱圻同学告诉我的。我猜是你做的，因为你在那之前发的朋友圈里有三张类似的，这张是补上的。"灼然回复我："哈哈，校长高估我啦，不是我做的哦，是我们班游靖鸿同学发给我的。但应该也不是他做的，可能是前几届学长学姐做的。"我开玩笑地回复:"看来是个悬案了。"

2019年春节前,2018届毕业生集中返校那天上午,黄晓雯同学到校后,在图书广场拍了几秒钟的视频发给我:"亲爱的姚爸爸,晓雯现在已经到了附中。"我第一次被人称为"姚爸爸",有些不好意思,但一股幸福感充溢全身。网络上我被称为"暖叔",我至今也搞不清这个称呼的来源。如今我又成了"老父亲",也渐有学生喊我"校长爷爷"。可不就是"校长爷爷",我比初一学生的父母要年长20岁。还有140多个"附二代",见面都喊我"校长爷爷"。我已经习惯做爷爷了。我经常问自己,一个老师,被学生称为"爸爸""校长大大""母亲""暖叔""老父亲"乃至于"爷爷",难道不是最幸福的事?我觉得是最幸福的!

在我心中,"老父亲""姚爸爸"的角色分量和"校长""老师"是不一样的,我感觉要重很多。

我想起许多(化名)同学用钢笔亲手写给我的信,想起她说的"爸爸的味道"。那封信的内容如下:

姚校长:

您好!贸然写下这封信,也许多有打扰。是这样的,最近在拜读您的《让教育稍稍有点诗意》,说不上是什么原因,读着读着就热泪盈眶。我想,或许我也可以找校长聊一聊,那些不曾暴露于太阳底下的,那些深埋于内心深处的。于是,一个找您说说话的念头在我心中萌发。但因为时间等客观因素的限制,这个想法只有一拖再拖。而随着阅读的不断推进,我愈发迫切地想见您。昨天下午本想在操场碰碰运气,看能否与您"偶遇",但是因为其他事情终是没有去。今天特意推掉校本课之后的安排(其实也不算特意,因为也有放学去跑步的打算,至于"安排",只是吃完饭回教室写作业罢了),想到操场看您是否在。到操场后,我环顾了一下跑道,没有发现那个熟悉的身影,我想兴许是来早了,于是先跑了一圈热热身,然后沿着校道自西门到南门,再到东门,回到操场,依旧没有。走过一圈后,我看时间还早(下午5:20),于是又跑了两圈,这两圈是沿跑道最外圈慢慢跑的,我想说不定您一会儿就从我身边经过了。两圈过后，早已满头是汗，到卫生间换完衣服出来，已经是5:38了，终于是见着了，那个影子。而这时我犹豫了：校长应该刚来跑吧，突然打断人家好像不太好，要不等他先跑两圈？可是这样猝不及防地跑到人家面前也不好吧？而且校长肯定很忙，耽误人家太多时间也不行。可是好想和他交流交流，不然和他约个时间？我曾多次模拟与您见面时该如何开口、如何打招呼、如何切入话题。而在我踌躇时，您跑出了跑道，转而跑进了校道，一切似乎落空了。我又想，也许就算校长此刻站在我面前，我也未必有勇气告诉他我的想法。于是我想到了写信，在您的书中，我看到有很多您与学生以书信的形式交谈（主要是看到很多给您写信的例子）。晚自习结束后，我便进了超市买了红线格打算作为信纸，可惜没看到信封。

深夜伏案写信，舍友都准备睡了，怕打搅到她们，便上了床，拉上床帘，在小桌子上写。您在书中说把对自己不友好的"敌人"看作上天派来帮助我们的人，我有些许困惑，若是一而再再而三地被冒犯呢？还要选择隐忍吗？有时被误解，我可能不会选择去解释，但是心里总会不舒服，也不知道如何排解。最好的朋友在电话那头，在附中的一些好朋友，我又不想向他们传递太多负能量。班主任最多也是找双方谈一谈，我还落个"打小报告"的舌根，我不愿意。而这时我又如何将这种人当作"帮手"？此外，还有您一直提倡的"做幸福的平凡人"，"平凡"指什么？对于不甘平凡的人，如何能幸福？也许您在书中自有解答，但我依旧有些不解。

写下这封信还有一个原因，您说有校友亲切称您为"姚爸爸"，我有些好奇，又有些惊喜。为什么？因为我的童年记忆有一个位置一直空缺，那便是父亲，我想知道有一个像您一样的父亲是什么感觉（母亲后来结识叔叔，二人结婚，但他没有爸爸的味道），所以我才那么渴望和您聊天。

零点了，这封信不知道您能否看到，倘若有幸能让您读完，麻烦您告知我一声，若您没有时间，也可推迟回信或者不回。能让您知道我的想法，我已经倍感荣幸。

祝愿姚校长身体健康，事事如意！

隔天早晨，我刚到教学楼，许多似乎就在那里等我，我们互致问候后，她递给我一封信，说："校长，我给您写了封信。昨天没见到您。"我说："抱歉，昨天我到海沧参加一个活动，没有到教学楼。谢谢你给我写信。"我为什么一天都不愿意离开学校？我最担心的是他们有事找不到我。告别后到食堂用餐，我一边看一边吃，看到第七行就觉得有必要先去和她打个招呼。匆匆看完信便跑到东门，和将要到厦门大学嘉庚学院上通用技术课的她聊了几句。因为他们要在嘉庚学院上一天的课，所以我说："等晚自习或者另外找个时间请你到我办公室聊聊，我要送你一本书。"傍晚他们回到学校。晚自习后我还是迫不及待地找到她，我俩坐在3号报告厅长椅上聊了20多分钟。我送给她一本《让教育稍稍有点诗意》，扉页上写着"许多同学，幸福是一种能力，用奋斗成就幸福的平凡人"，并郑重地签上自己的名字。这以后我们就成了熟人，差不多每天都要见面，而见面总要打招呼。

许多高考发挥正常，但没有把握录取到福建医科大学的临床专业，最终她选择了福建师范大学生物科学师范类。查到录取信息后，她加了我的微信，并将录取结果拍照发给我。她发来下面这封信：

亲爱的姚校：

您好！

写下这封信，怎么说呢，我心里五味杂陈的。我被录取到了福师大的生物科学……

姚校，学医是我四年来的梦想。我看到无数医护人员奔赴抗疫一线，为了我们的国家。自此，一颗学医的种子悄悄在我心里发了芽。在初三，一位关爱同学的老师，我们的年段长突发心梗去世了……这件事给我的触动很大，因为这位老师给了我学好数学的信心，我永远不会忘记他离开的那天，整个年段的师生都被灰暗的情绪笼罩，而他的女儿只有两岁。我想学医，我希望能救下更多的人。

上了高中以后，其实我学医的心动摇过很多次。时间成本、经济成本、学习难度，都是我需要考虑的问题。而我并非家庭富裕，我必须尽可能早一点有经济来源。可是我还是想坚持。我总觉得,我来这人世间一趟,总该留下点什么,总该为这个社会、这个国家做点什么,我喜欢看万家灯火通明,喜欢想象每一盏灯下面的柴米油盐酱醋茶。而我,喜欢医生这个职业,那种与死神竞争的果敢,那种大医精诚的职业精神,深深地吸引着我。我还是想学医⋯⋯

前不久和表姐在家里看一部讲述飞行员故事的电影时,表姐提出了一个问题:"怎么会有人愿意去参加那么危险的工作,随时都可能丢掉性命,要是我,我肯定不会想要。"我很想反驳,可是姐姐善辩,而我嘴笨,一番争执后,我只能说:"你不愿意总会有人愿意付出的,每个人追求不同呗。"

可是也许我就是不该走这条路吧,高考发挥失常,学医成了永远躺在夜里的梦。填志愿的时候和家里也闹过不愉快。决定填福师大提前批的那个晚上,我躺在床上抹掉不争气的眼泪。我的分数上福医大临床可能还是不太安全,即使他们今年扩招18名,可是我不敢冒险。我也想过,如果上不了临床,我就上师范,教书育人⋯⋯而结果就是,我录上了福师大。我不知道我是否高兴,也许是有的,可是仍然遗憾。查到结果的那一刻,我哽咽了片刻,我终是驶向了理想的反方向。可是人生怎么可能没有遗憾呢,也许我本该属于福师大。我很清楚,我必须学会不后悔,很久以前我就明白,必须努力学会不后悔,才能过得开心。也许我真的有机会上福医大临床,可是我既然选择了福师大,就应该学会放下那份执着。肯定会有不甘,可是我只有把它放在心底才能开心地走进大学。这也是我在附中学到的很宝贵的一课,即使学艺不精。

姚校,我很感激,也很庆幸,在厦大附中遇到您。学长学姐说,您是"姚爸爸",可是在我眼里,您却是更像我的爷爷一般的存在。我父母在我四岁时离异,我没有感受过父爱(但是我并不因此觉得我是可怜的)。对于我来说,爷爷是家里除了妈妈最疼我的。而您对每一位同学的关心、呵护,以及和您的认识,让我感受到爷爷的温暖。仿佛十多年前,爷爷牵着我的小手,走在夜晚的村头村尾;又好像爷爷自己画的象棋盘,还有一盒不知道哪来的象棋。

姚爷爷，好像把您说老了，哈哈！尽管如此，我不会忘记，那个晚自习，和您坐在教室外面聊天，不会忘记，傅雷和他夫人的故事。

　　三年前，我只身一人走进厦大附中，一开始，我总觉得我是孤独的，身边的同学，不是可以依赖、信任的。直到认识了您，我渐渐发现，附中其实真的有很多可爱的人，我用真诚换来了真诚。尤其是在高三，感觉每个人都是善良的、可爱的，毕业以后也彼此牵挂。是您，让我在这个举目无亲的校园里感受到了亲情。您像一束光，照亮了我在附中的生活。而后，每个附中人，都像一个小小的光源，照亮了附中，照亮了我。很荣幸，我也是一名附中人。

　　姚校长，谢谢您！我永远不会忘记，您送我的书的扉页上那一行文字："用奋斗成就幸福的平凡人"！我记下了。

　　阅毕我回复："谢谢许多！巧合的是，昨天下午我想到之前你写给我的信，结果晚上你就加我微信。那封信我保留着，拍的照片也存在电脑里，下午到学校发给你。谢谢你的信任！当老师是很好的职业，不要怀疑和沮丧！"其实，我觉得，于许多而言，师范专业也许是最好的选择。

　　教师是一种职业，故必然有其特殊的职业要求。老师就是老师，老师不是"老父亲"，更不能要求所有的老师都成为学生的"父亲""母亲"。但我觉得，懂得亲子之爱会让我们更懂、更珍惜师生之爱。

2021 年 11 月 26 日

后记　感谢遇见

2007年6月19日夜，我乘坐的飞机降落在厦门高崎机场。在走下舷梯的那一刻，我突然觉得来到一个非常陌生的地方。我在脑海里扫描了几遍，确认在厦门没有我认识的人，再次确认在福建也没有我认识的人。那是我第一次到福建。

第二天午后，我乘快艇抵达漳州港。我是带着一种唐突心理来到漳州开发区的。之前，我对福建关注不多，对厦门和厦门大学了解也不多。决定应聘厦大附中校长的时候我专门到新华书店买地图，想了解招商局漳州开发区在哪里，结果翻遍了所有版本，均无标注"招商局漳州开发区""漳州开发区"的地图。在21世纪，在2007年的时候，在通用地图上还找不到的地方会是什么地方？6月20日上午，我在厦门买了张厦门地图，居然也没有标注"漳州开发区""漳州港"。厦门湾的南岸是"石坑"（石坑村），没有城市的图例。

在漳州港客运码头接我的是人事劳动局的林立女士，开车的是公用事业局（教育局）的张永静师傅。三分钟我们就到了管委会大楼，在 1 楼会议室签到后，他们就将我送到厦门大学漳州校区宾馆。下午 5 点左右，我们应聘的七位同志都到了，开发区人事劳动局的张武生局长带着我们几位乘坐中巴，从宾馆出发，先在漳州校区内转了一圈，然后向南开，到一处工地，说"到了"。是的，到了厦大附中，一处刚开挖的工地。我们下车看了看，也没什么好说的。那一刻，我的决定是赶快"逃"，于是用手中的数码相机拍了几张照片，便和大家一起上车离开。当时，我觉得我不可能来当这个校长。车子沿着开发区唯一的一条干道向北再向西一直开到中集集装箱漳州公司，然后返回，在安置地兜了一圈。第二天、第三天参加招聘活动。第三天下午，我本人面试结束后就离开了开发区。快艇离岸的那一刻，我觉得再也不会来漳州港。然而，2007 年 9 月 3 日，作为厦大附中的创校校长，我来到漳州港正式开始了创校的历程。

2008 年 9 月 1 日，厦大附中正式开校上课，只有初一 1 个年级、6 个班，241 位学生，21 位老师。21 位老师分别来自黑龙江、山西、陕西、河南、湖北、江西、安徽、广东、福建九省。2023 年 9 月 1 日，初一到高三共有 6 个年级、80 个班级，3932 位学生，405 位教职工。284 位教师的籍贯分布 23 个省（区、市）。15 年来，从附中毕业以及正在附中就读的学生已近 13000 人。从孤身一人到 262 位同行师生再到 4337 人，从不识一人到与近 13000 人相处过，我觉得这世界真的很奇妙。我常问自己，如果不来厦大附中，我会结识哪些人？我的人生会是什么样子的？如果厦大附中的创校校长不是我，今天的厦大附中又会是什么样子的？显然，人生的火车票是单程票，人生无法重新来过，故而生活中的大量问题是无解的，生命的神秘和意义也正在这里。

我无法也不必一一叙写与这么多人的"遇见"，但我非常珍惜和感谢这一次次的"遇见"。有同事说，我是全世界认识学生最多的校长，没有"之一"。我说至多是"之一"。我之所以一直秉持"贴近学生做教育，贴近学生办学校，贴近学生当校长"，与我非常看重茫茫人海中的"遇见"有关。"相逢何必曾相识"，我们的"遇见"是那样的毫无必然性，这是多么神奇的一件事！"遇见"的故事就不讲了，"三贴近"的故事也远不止在这本书里。每一位遇见我的人也都会有一个关于"遇见"的故事，我遇见了你未必如你遇见了我。

关于厦大附中，于当年的我而言，有一百个不选择的理由，而只有"创校"一个选择的理由。当一个理由最终成立，其他理由都成了"可能性"。我在《办一所学生喜欢的学校》（载《人民教育》2015年第7期）一文中说："回望来路，我很庆幸自己在职业生涯的后半程，能有一件自己喜欢做的事可做。虽然我深知办一所不一样的学校无比艰难，但与学校相处，与师生相伴，我的内心充满阳光。"遇见附中，我心无悔。人生有无限可能性，但成功"变现"的机会屈指可数。在我儿子看来，直到退休，我都没有遇到足以让我施展才华的最佳平台。我太太说，来厦大附中是对的，但到漳州港是错的。然而，厦大附中正植根于漳州港。是故，来厦大附中是对的，来漳州港也没错。

值得一提的是，正因为我来筹建厦大附中，对厦门、对厦门大学不甚了解的儿子高考时才选择了厦门大学，而来自广西的儿媳妇是他在厦门大学的同班同学，所以要感谢"遇见"。也正因为厦大附中，我才得以在漳州市龙海区海澄镇"遇见"四百年前任海澄县令的先十世祖，因此要感谢"遇见"。我在大夏书系已出版的六本专著印数已超过十万册，这些书最终到了谁的书橱、案头？这又何尝不是一种"遇见"？

厦大附中不会因我而有无，但我的生命却因厦大附中而遇见别样的"人生风景"，这与生涯设计无涉，但与人生追求有关。亦如我在《办一所学生喜欢的学校》一文中所写："'创校'，瞬间点燃了我心中朦胧的教育理想。我一直希望在一所风光旖旎的寄宿制学校里教书育人，朝看学生读书，夕观学生运动，夜览星空下水晶般的教学楼，满眼尘世喧嚣被隔离后洋溢在师生脸上浓稠的甜蜜……一种属于孩子与学校的特有的色彩和旋律，我称之为'稍稍有一点诗意地栖息'。这一点'诗意'诱惑我开始了一段冒险之旅。"相逢的意义在于彼此照亮，我不知道自己是否有光，是否照进过别人的黑暗。然而，因为厦大附中，我得以遇见生命中的诸多贵人，得以侥幸不败，得以享受到生命的诗意。我感受到遇见的温暖。

　　感谢遇见！

姚跃林
2023 年 12 月 1 日